Marco Polo

Marco Polo

Un europeo en la corte del Gran Kan

Investigación y redacción:
Marco Antonio Gómez Pérez

Grupo Editorial Tomo, S.A. de C.V.
Nicolás San Juan 1043
03100 México, D.F.

1a. edición, octubre 2002.
2a. edición, noviembre 2004.

Nicolás San Juan 1043, Col. Del Valle
03100 México, D.F.
Tels. 5575-6615, 5575-8701 y 5575-0186
Fax. 5575-6695
http://www.grupotomo.com.mx
ISBN: 970-666-602-8
Miembro de la Cámara Nacional
de la Industria Editorial No 2961

Proyecto: Marco Antonio Gómez Pérez
Diseño de Portada: Emigdio Guevara
Formación Tipográfica: Servicios Editoriales Aguirre, S.C.
Supervisor de producción: Leonardo Figueroa

Impreso en México - *Printed in Mexico*

CONTENIDO

Prólogo

Si Marco Polo hubiera escrito su *Libro de las Maravillas* en la época actual y no en el siglo XIII, no hubiera causado ningún asombro y, probablemente, no pasaría de ser un folleto de promoción turística más; afortunadamente para él y la historia, no es así: sus aportaciones literarias que modos de vida tan diferentes y abiertos de los asiáticos, en comparación con la sociedad y la cosmovisión religiosa cerrada europa, fueron y son motivo de muchas comparaciones en las cuales, los habitantes de Europa del mencionado siglo XIII, salen mal parados y calificados.

Marco Polo, su padre Nicolo (Nicolás) y su tío Mateo (o Maffeo) como buenos comerciantes y mercaderes, deciden recorrer el mundo más allá del conocido que es Europa y así llegan a las grandes extensiones de la China actual, que en el siglo XIII eran dominadas en su mayoría por el Gran Kan, Kublai, nieto directo del temible y temido Gengis Kan, sin embargo entre el abuelo y el nieto hay un mundo de diferencia perfectamente notable narrado por el más joven de los Polo, Marco.

El Gran Kan, Gengis nace en 1162 en Mongolia y su verdadero nombre es *Temüjin*, fue el cabecilla o Khan de su tribu, ya que reúnió bajo su mando a todas las que habitaban tanto Mongolia como gran parte de China, creando un imperio con un buen sistema administrativo y una potente organización militar. Adopta el título de Gengis Kan o emperador del mundo en 1206 y se lanza al frente de sus hordas a la conquista de Asia.

Somete a su reino gran parte de China, Turquestán, Afganistán y Persia (Irán) y hacia 1223 devasta el sur de Rusia. Gengis Kan es astuto, cruel y su nombre llega a inspirar terror y pánico en Europa. Finalmente, muere en 1227 al enfermar durante su campaña militar en China Occidental.

Al llegar al poder de los mongoles el nieto de Gengis, Kublai Kan es totalmente opuesto a su abuelo, y se dedica sobre todo a desterrar costumbres excéntricas de muchos de los pueblos que conquista o que hereda de sus antecesores. Esta es una de las facetas que más llama la atención de Marco en sus narraciones, en las cuales da cuenta de la gran cantidad de ciudades que visita en varias ocasiones o de otras tantas de las que él tiene referencia, todas bajo las leyes mongolas del Gran Kan. El monarca es justo y benévolo cuando es necesario e implacable cuando de rebeliones se trata, ya sean de sus enemigos naturales o de sus familiares cercanos.

Marco Polo inicia su extraordinaria aventura de llegar a tierras alejadas de Venecia, de la cual nunca ha salido buscando referencias y comparaciones entre su ciudad natal y las que visita. Estudia cómo viven sus habitantes, sus religiones, sus hermosas mujeres, y sus extraños ritos con los extranjeros o enemigos. Compara la moral europea con la asiática o hindú, y le soprende su crueldad en la costumbre de comer cuerpos de seres humanos y de despreciar o adorar algunos animales.

Las perspectivas de conocer otras formas de vida antigua a través de esta obra son muchas. Lamentablemente, se conoce poco de la vida de Marco Polo y solamente es posible acercarnos a él por medio de sus narraciones y de sus impresiones de pueblos, ciudades y países que visita, lo más importante, sus descripciones de las maravillas que descubre.

Amable lectora-lector, estás invitado a viajar en el mismo barco, camello, caballo, carruaje ó caravana en la que inicia Marco Polo su fascinante experiencia del siglo XIII al Imperio del Gran Kublai Kan, donde uno de sus más fieles admiradores y servidores fue Marco Polo.

Europa ignora qué hay más allá de sus fronteras

Al desmoronarse y desaparecer la enorme influencia que durante varios siglos ejerció el extenso imperio romano, empieza para Europa lo que se ha llamado una época oscura.

Y como la historia registra que los cambios casi siempre se dan en forma lenta y a veces hasta deteniéndose, el antiguo orden de derecho de los romanos sobrevivirá aunque ya no en forma total sino parcial, pues se mezcla con los usos y las costumbres que los pueblos bárbaros imponen.

Culturalmente, toman enorme importancia las ideas filosóficas de Aristóteles y las tragedias de Eurípides. Las obras de autores latinos y trabajos de investigación intelectual helenística son hechas a un lado y este lapso dura quinientos años siendo la más afectada la cultura que entra en una etapa casi de descrédito; socialmente se gesta lentamente la aparición del feudalismo, mismo que proporcionará, al cabo de los años, un nuevo orden.

En el siglo XI, Europa no ha tenido la idea de formar un mundo occidental y está más ocupada fortaleciéndose militarmente para evitar la invasión de países islámicos por el sur, al este por los húngaros, al norte por escandinavos, mientras que pasando los montes Urales los imperios de Asia se transforman en grandes imperios.

No todo es malo para este continente, ya que los pueblos considerados bárbaros han sido conquistados y transformados por la religión cristiana y están dispuestos a luchar contra quienes no lo son, creando y llevando a cabo cruentas y costosas batallas, de vidas y materiales, llamadas cruzadas. Estas luchas, sirven para que Europa asiente su idea religiosa y se convierta en eje de vida de todas las naciones que forman al continente.

En este mismo siglo XI, pueblos cristianos son amenazados por el avance de las fuerzas militares y religiosas de Turquía, por lo que los caballeros europeos están prestos para liberar los considerados lugares santos por el cristianismo y aunque esta reconquista es su objetivo primario, las cruzadas tienen otros metas, como la de liberar a los distintos estados del continente de las constantes guerras que los tienen asolados y sobre todo, expandir sus límites más allá de Occidente.

Conforme avanzan las luchas de las cruzadas, van perdiendo su esencia, ya que se vuelven complejas, sumamente sanguinarias y mortales para quienes son torturados y muertos por motivos religiosos y de herejía y ya no tienen la idea de la cruzada primaria llevada a cabo de 1097 a 1099, que es la evangelización cristiana de los habitantes de los territorios conquistados.

Y como todo lo hace el ser humano, lo religioso pronto se mezcla peligrosamente con lo económico y político; los campesinos quieren tierras para trabajarlas, las ciudades necesitan de más espacio para crecer y el Papa pretende vincularse a sociedades religiosas que, aunque cristianas, viven en total autonomía del papado. En Siria y Palestina se pretende crear un cristianismo que neutralice la influencia bizantina para que se someta otra vez el Patriarcado de Constantinopla en Roma.

En general este es el panorama que prevalece en el siglo XII. Las cruzadas ya no cumplen su tarea evangelizadora sino que ahora tienen carácter de conquista territorial y hacia la mitad del siglo siguiente, tiempo en que nace Marco Polo, las ciudades marítimas italianas están dedicadas a encauzar la corriente expansiva con la mezcla de cristianismo, belicismo y comercio.

A mediados del siglo XIII, las fuerzas europeas se encuentran desunidas a causa de los fracasos militares; aunado a esto, al aprehender al rey francés San Luis, promotor de la sexta cruzada, se exige un alto precio económico por su rescate y con su muerte, veinte años después, —durante la séptima y última batalla de los cruzados—, debido a la peste, cae el telón sobre estas batallas religiosas promovidas por los cristianos.

En 1241, surge un ejército fuerte y poderoso, el de los mongoles, el cual llega a los Cárpatos y hasta la puerta misma de Viena, sin embargo no es visto como enemigo sino como posible aliado, porque también está contra los musulmanes. Son varios los intentos para entablar relaciones con los monarcas mongoles, principalmente por parte el papado y el rey de Francia.

Aunque los primeros intentos de acercamiento entre europeos y mongoles no tienen los resultados esperados, sí crean un marco histórico e ideal para que se inicie una de las aventuras más grandes de exploración del mundo, la de la familia Polo.

La Venecia de Marco Polo

Venecia es una provincia al noreste de Italia, perteneciente a la región del Véneto, en la laguna adriática de su nombre, edificada sobre diversos islotes unidos por una gran multiplicidad de puentes. Posee alrededor de 150 canales para el tráfico y la arteria principal es el Gran Canal, de 3.8 kilómetros de longitud que atraviesa toda la ciudad; dos largos puentes enlazan el núcleo urbano a tierra firme.

El actual emplazamiento de la ciudad de Venecia data del año 828 de nuestra era. Su magnífica situación en el cruce de los caminos de Oriente y la Europa Central determina el florecimiento de una poderosa república de mercaderes, la cual, en pugna con Génova, logra monopolizar el comercio marítimo del Mediterráneo oriental, especialmente cuando inician las cruzadas, destacando la cuarta de ellas,

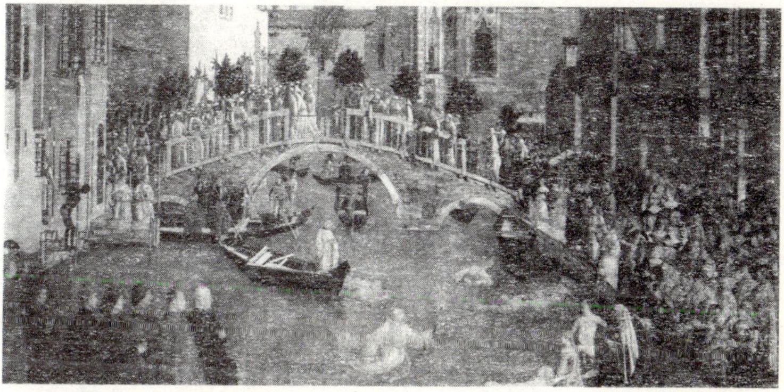

La siempre orgullosa Venecia, no lo está menos por sus hermosos puentes y largos canales que le dan un aire nostálgico y romántico que perdura hasta nuestra época.

durante la cual abren los mercados asiáticos de especias, tejidos y esclavos.

Para este momento, en pleno siglo XIII, la República de Venecia posee la supremacía económica y militar en Europa ya que ocupa un lugar estratégico para el paso de los ejércitos cruzados por el mar Mediterráneo y rumbo a los lugares santos cristianos para reconquistarlos.

Venecia iniciada la mitad del siglo XIII, es una potencia hegemónica y fuerte en Europa, prácticamente es dueña de Constantinopla, posee la puerta de entrada al otro lado del mundo, o sea Asia.

Venecia es la ciudad que tiene un mayor contacto con muchos de los países de Oriente, y es descrita como la población donde los mercaderes son reyes. Es dominada por familias poderosas de mercaderes, solamente sometida a su patrono del cielo y a nadie más, por lo que también es conocida como la República de San Marcos, en la que el primero de los ciudadanos es un dogo (figura simbólica) quien, una vez al año, arroja unos anillos al agua en tanto que exclama a los cuatro puntos cardinales: "Te desposamos, mar, en signo de verdadero y perpetuo dominio".

Aunque en esta época Venecia ya es una hermosa y cosmopolita ciudad, en sus calles, muchas sucias y aún sin

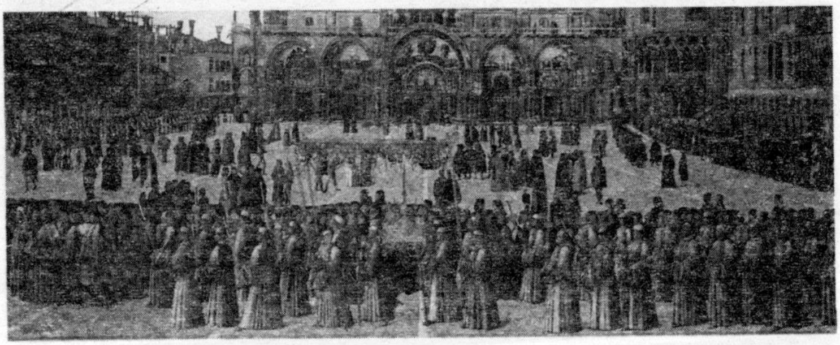

La Basílica de San Marcos en Venecia es una de las más bellas del mundo y de mayor tradición por sus constantes procesiones y visitas, como lo muestra esta pintura de Gentile Bellini.

empedrar, se pasean aún las largas hileras de cerdos, los cuales recorren su camino de todos los días, dejando a su paso excremento y malos olores. También empiezan a surgir edificaciones construidas con piedra, sobre todo mansiones de la gente poderosa.

En Rialto, un hermoso puente de madera une a las dos partes principales de la ciudad a través del gran Canal, contrastando su tono gris con el gran colorido de las góndolas que constantemente surcan las aguas. Esta parte de Venecia tiene abundancia de prados, viñas, huertas y hasta pequeños bosques, dando un marco perfecto a los palacios de los nobles, los cuales destacan por sus finas arcadas, esto crea un aire de libertad a sus dueños, contrario a las grandes y cerradas fortificaciones de otras ciudades italianas de la época.

En Venecia casi no existe la delincuencia ni las invasiones y aunque hay clases sociales, estas no son tan marcadas como en el resto de Europa, aquí, el poder está en manos de unos consejos en los que, los apellidos de las grandes y añejas familias reaparecen una generación tras otra, logrando darle una cohesión a la forma de gobierno sumamente destacada, por eficaz.

Y aunque la gran mayoría de los habitantes de Venecia no participan directamente en la forma de gobierno, si están integrados a este y todos los estratos sociales tienen un papel importante que llevar a cabo, para lograr este esplendor de una de las más hermosas ciudades que, incluso actualmente, es una de las más bellas del planeta.

Y mientras que en la mayor parte de Europa los comerciantes del siglo XIII son aceptados escasamente como personas útiles a las sociedades, las cuales están dominadas por la aristocracia militar y guerrera y, por supuesto por el clero católico, los miembros de este último, afirman que los mercaderes no pueden ser gratos a Dios, a lo más, muy difícilmente y solamente unos cuantos de ellos.

Y es que Venecia no debe su fama y riqueza a las conquistas militares y religiosas sino a su comercio principalmente marítimo. Son los fenicios de los siglos XII y XIII, ya que al año manejan volúmenes de mercancía en cientos de miles de toneladas, destacando los productos como trigo, sal, aceite y vino, incluso importando. Este último revendiéndolo como producto de exportación veneciano a otras ciudades y países.

Sin embargo, la importación también ocupa un lugar destacado en la vida comercial de Venecia y de Europa, ya que los productos llegados de Irán, India o China, tales como pimienta, canela, nuez moscada, perfumes, piedras preciosas y sedas, son sumamente apreciados por los miembros de las noblezas del viejo continente.

En este importante intercambio comerciales, los productos importados llegan a tener un costo, por galera o embarcación de 200,000 ducados, es decir, ¡700 kilos de oro! Y como la balanza en costos de exportación-importación es favorable a esta última, la diferencia se tiene que pagar con monedas europeas.

Esta es la Venecia a la que llega Marco Polo como ciudadano en 1254; la que hace negocios con países herejes como Egipto y que no tiene problemas con el resto de Europa por ello, ya que nadie está peleado con el progreso y mientras no quiera nadie imponer sus creencias religiosas a los demás, el comercio seguirá floreciendo en ambos continentes, hasta que el 12 de octubre de 1492, Cristóbal Colón llegue hasta las costas americanas y se inicie una nueva etapa en la historia del mundo.

La familia Polo de Venecia

La familia Polo no es de las que proporcionan gobernantes a Venecia, sino una de las que, sencillamente, es de comerciantes con altos índices de prosperidad, pero no los únicos.

No hay seguridad de saber si los Polo pertenecen a la nobleza, pero como se apunta líneas arriba, no es tan importante este aspecto, ya que la barrera entre clases sociales es muy tenue en Venecia.

Se tiene referencia que Andrea Polo (abuelo de Marco) tuvo tres hijos, Marco, Nicolo y Mateo, quienes al paso del tiempo se convierten en dirigentes de una compañía comercial totalmente familiar y muy próspera.

Este tipo de comercios estables, normalmente son de tipo familiar, teniendo la particularidad de que mientras el socio principal e hijo mayor se queda en la ciudad sede, los otros llevan a cabo los viajes necesarios para lograr contactos y ventas en otras ciudades de Europa y si es posible, más allá de estas fronteras.

Por lo tanto, se deduce que mientras el hijo mayor de Andrea, Marco está en Venecia, Nicolo y Mateo tienen que pasar mucho tiempo en viajes comerciales, es más, se tiene cierta seguridad de que, cuando Nicolo está en una de sus frecuentes salidas de la ciudad y de su casa, nace su hijo en 1254 y siguiendo una costumbre familiar, es bautizado con el nombre de su tío mayor y del santo patrono de los venecianos: Marco Polo.

Marco Polo nace en esta próspera Venecia que es el foco del mundo comercial marítimo y terrestre de Europa. Durante sus primeros quince años, Marco lleva una vida normal, entre el estudio y el aprendizaje de los secretos del comercio y negocio familiar, casi no ve ni puede hablar con su padre, por los frecuentes y largos viajes de Nicolo.

De la vida que lleva Marco Polo en su infancia y adolescencia no hay la mínima referencia y lo que se sabe de él es a partir de sus viajes y a los libros en los cuales plasma sus conocimientos adquiridos en tierras lejanas.

Sin embargo, algunos historiadores de la vida de este eterno viajero, especulan que, debido a que su padre viaja constantemente y a que probablemente su madre ya ha fallecido, Marco está al cuidado de su tío mayor del mismo nombre, aprendiendo los secretos del oficio familiar de mercader y a cambio, recibiendo escasa instrucción escolar, ya que incluso no sabe hablar ni escribir latín, lo cual indica que no tiene una instrucción educativa a nivel nobleza o clerical.

Y como para llevar a cabo el intercambio de mercancías no es necesario dominar el latín, ya que el lenguaje es el del dinero, su mayor distracción es ir al los puertos a escuchar de boca de los marineros que llegan de Oriente, las increíbles historias que recuerdan a las de "Las mil y una noches" y en las cuales, los protagonistas siempre tienen el rostro de Nicolo, padre de Marco a quien casi no conoce ni ha visto en muchos años.

Estas historias llenan la imaginación del joven Marco Polo quien empieza a fijar su vista y futuro en esas lejanas tierras a las que su padre ha partido hace tiempo y que, en lugar de sentir rencor hacia ellas por llevarse a su progenitor, siente una especial atracción, se imagina recorriendo cada una de sus hermosas y enigmáticas ciudades, quiere saber cómo viven sus gobernantes y la gente común, pretende descubrir sus coincidencias y diferencias que lejos de crear alguna rivalidad, se complementan.

Así es como Marco Polo ya tiene en mente la idea de viajar a esas exóticas tierras, misma que llevará a cabo de tal forma, que dejará valiosos testimonios de sus viajes en sus libros de memorias, principalmente el que denominará *Libro de las Maravillas*.

Quiénes son los mongoles

Antes de entrar de lleno a los históricos viajes del joven Marco Polo, es preciso conocer lo más destacado de quienes serán sus anfitriones durante más de 20 años.

El imperio mongol es uno de los mayores en la Hisotira; regido por los kanes mongoles en los siglos XIII y XIV abarcando casi toda el Asia occidental y oriental.

El primer desarrollo del Imperio mongol tiene lugar en el siglo XIII. Durante una reunión de tribus en 1206, el poderoso conquistador *Timuyin*, entonces señor de casi toda Mongolia, es proclamado dirigente universal con el título de Gengis Kan (Rey Gengis) o Gran Kan y la ciudad de Karakoram (Karakorum) es designada como capital.

La tierra natal de los mongoles está situada en la parte oriental de la estepa asiática, linda con las montañas Xingan al este; con las montañas Altai y Tien Shan al oeste; con el río Shilka y las cadenas montañosas junto al lago Baikal al norte y con la Gran Muralla china al sur. En la actualidad comprende aproximadamente la región autónoma china de Mongolia Interior, la república de Mongolia y las franjas meridionales de Siberia.

Formada en su mayor parte por fértiles praderas y boscosas montañas en el norte, con el desierto de Gobi en la zona central y extensos prados al sur, toda la región se sitúa a unos 1,000 metros sobre el nivel del mar, siendo un territorio muy árido, salvo en las zonas más septentrionales (al norte).

En este entorno las tribus de habla mongol desarrollan una economía pastoril basada en el ganado lanar y en los caballos, que son sustituidos por camellos en las zonas más áridas. Algunos productos como cereales, tejidos, té y metales se obtienen mediante el comercio con la civilización agrícola adyacente de China, siendo el pastoreo y la caza su principal ocupación. Su modo de vida es nómada y su organización social tribal. La guerra entre tribus es permanente y los individuos valerosos alcanzan fácilmente posiciones de liderazgo, por su parte, la jerarquía político-militar del clan está basada en lazos personales de mutua protección y lealtad que deben respetar desde el jefe supremo a los jefes subordinados y los guerreros.

El ejército de Gengis, a pesar de no ser especialmente numeroso para su época, se distingue por su magnífica caballería y sus expertos arqueros, la disciplina y el control de sus aristocráticos líderes y las peculiares tácticas y estrategias militares del Kan. El vecino Imperio de China del norte y los estados de Asia central, militarmente débiles y fragmentados, se rinden inevitablemente, como lo hace a las hordas mongoles que recorrían Asia, la deteriorada sociedad turco-árabe de Oriente Próximo.

Todo esto constituye una de las causas por las que el Imperio de Gengis puede lograr un grado de centralización y poder sin precedentes entre los primeros dominios de tribus de habla mongol. Gengis preside, en virtud de un derecho divino que él mismo se ha adjudicado, reconociéndolo como única autoridad superior a la suya, al Gran Yasa, un código imperial que él mismo redacta y que se convierte en base permanente de su gobierno. El vasto Imperio de Gengis se extiende desde el mar de la China hasta el río Dniéper y desde el golfo Pérsico hasta el océano Ártico.

Tras la muerte de Gengis, su imperio, según la costumbre tribal, es dividido entre los hijos de su primera esposa y sus herederos. El kanato de Asia oriental es regido directamente por su tercer hijo, Ogoday, quien sucede a Gengis como Gran Kan. El kanato está formado por lo que en la actualidad es Mongolia Exterior, Dongbei Pingyuan

(Manchuria), Corea, gran parte de China, el Tíbet y franjas septentrionales de Indochina.

Aunque a Ogoday le suceden su hijo y su nieto, el gran líder que hereda el kanato es su sobrino, Mangu Kan. Junto a su hermano Kublai, Mangu Kan logra conquistar casi toda China.

Kublai Kan quien vive de 1215 a 1294, es el líder militar mongol, fundador y primer emperador de la dinastía mongol Yuan en China, de 1279 a 1294, nieto del conquistador Gengis Kan y su sucesor más conocido, ya que Kublai termina la conquista de China iniciada por su abuelo.

Entre 1252 y 1259 Kublai ayuda a su hermano Mangu Kan en la conquista de China del sur, alcanzando con éxito el Tíbet y Tonkín. A la muerte de Mangu, en 1259, se convirtió en rey o Kan. Entre 1260 y 1279 expulsa a los tártaros kin del norte de China y domina las facciones mongoles rebeldes, a pesar de permanecer alejado de estos nómadas tradicionalistas.

En 1264 sitúa su capital en el lugar donde ahora se encuentra Pekín o Beijing y la llama Janbalik, Cambaluc o Cambalu en lengua romance. Renuncia a todos los territorios del Imperio mongol que se encuentran más allá de China, invade las regiones de China aún independientes y en 1279 establece la dinastía Yuan como sucesora de la dinastía Song del sur. Emprende guerras con países extranjeros para imponer tributos a los estados vecinos y restaurar el prestigio de China, por lo que conquista Birmania y Corea. Sin embargo, sus expediciones militares a Java y Japón fracasan.

Su nombre es conocido en toda Asia y Europa. La corte de Cambaluc atrae a un grupo internacional de aventureros, entre ellos el famoso viajero veneciano Marco Polo. Kublai Kan desarrolla el comercio, la literatura y las artes. Es un devoto fiel del budismo, —que establece como religión oficial—, sin embargo durante su reinado también son toleradas otras religiones también predica y practica la misericordia en tiempo de guerra, en contra de la tradición mongol de exterminio total.

Tras la división del Imperio mongol a la muerte de Gengis (1227), el kanato de Turkestán es gobernado por Yagatay, su segundo hijo y posteriormente por su sucesor. Este kanato se extiende desde lo que hoy en día es la región autónoma china de Xinjiang hacia el oeste, al sur del lago Baljash, hasta la zona suroriental del mar de Aral, y linda al sur con el Tíbet y la región de Cachemira. Los territorios occidentales están habitados mayoritariamente por musulmanes sedentarios, pero el resto de los pobladores son mongoles nómadas.

Al ser una zona de comunicaciones estratégicas dentro del Imperio asiático mongol, se convierte en foco de rivalidades políticas entre los descendientes de Gengis y mantenerla bajo control requiere la constante atención del gran Kan, Kublai.

Imperio de Kublai Kan

En 1279 el nieto de Gengis, Kublai Kan, derrota a la dinastía Song del sur, logrando dominar lo que queda de China. Kublai traslada la capital a Pekín, dándole el nombre de Janbalik (también llamada Khanbalik, 'Ciudad del Kan', o Cambaluc). Allí gobierna como emperador de la dinastía Yuan y como gran Kan de los mongoles.

En lugar de tratar de amalgamar la sedentaria sociedad agrícola en tribus, sigue con éxito el sistema burocrático utilizado por las dinastías chinas desde los Tang, sin embargo, los mongoles preservan cuidadosamente su identidad cultural y las prerrogativas de la clase dirigente; el talento chino es sistemáticamente excluido de los cargos de autoridad y siguen códigos sociales y legales discriminatorios. Sus esfuerzos por extender el dominio mongol a Japón y Java fracasan.

Imperio de la orda de oro

Mientras que Ogoday y sus sucesores completan la conquista de Asia oriental, los mongoles a las órdenes de Batu Kan, nieto de Gengis, se dirigen al oeste rumbo a Europa. En 1237 saquean la mayoría de las ciudades de la región de Vladimir-Suzdal y tres años después hacen lo propio con Kiev; siguiendo hacia el oeste entran en Polonia, Bohemia, Hungría y el valle del río Danubio, así, Batu Kan crea la Horda de Oro.

Antes de 1241 sus ejércitos han alcanzado la costa del mar Adriático, preparados para la invasión de Europa occidental, que está desunida y mal preparada para resistir a

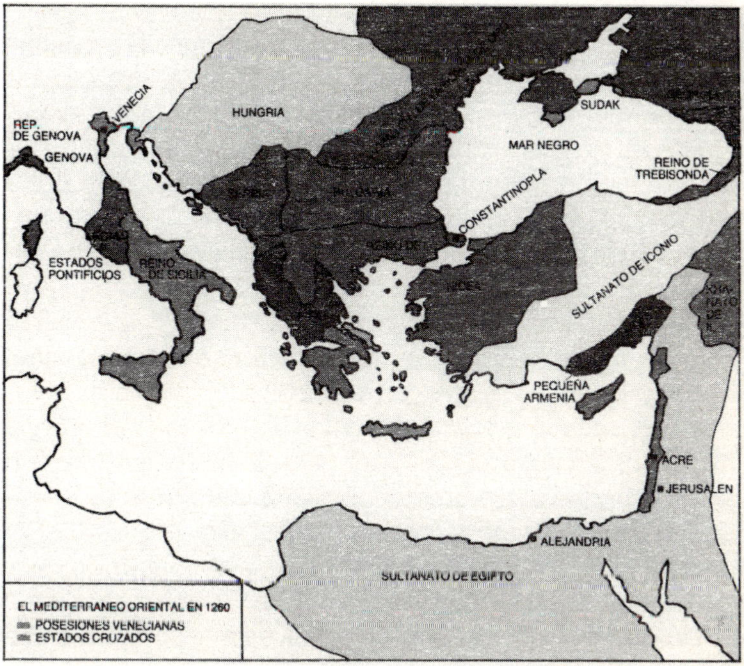

Este mapa muestra la división de fuerzas entre europeos y asiáticos cuando Marco Polo emprende su viaje rumbo al reino y palacio de Kublai Kan.

la Horda de Oro y solamente logra salvarse por la muerte del Gran Kan Ogoday en 1241. Después, Batu Kan se retira con sus fuerzas a Rusia del sur con el fin de participar en la elección de un sucesor. La Horda de Oro domina hasta finales del siglo XV lo que hoy es el sur de Rusia.

Los mongoles imponen un sistema burocrático y formas de recaudación de impuestos que muestran la influencia de los métodos chinos adoptados por sus hermanos de Asia oriental. A finales del siglo XIV, los rusos parecen estar preparados para derrotar a la Horda de Oro , por lo que es esperada la victoria del gran príncipe de Moscú Dimitri Donskói sobre los mongoles en 1380, misma que marca el fin del poder mongol, a pesar de que durante un tiempo la balanza se inclina a favor de estos por la intervención del conquistador Tamerlán.

Sin embargo, en 1395 éste inicia la conquista de la Horda de Oro, que a su muerte queda dividida en cuatro kanatos independientes: Astracán, Kazán, Crimea y Siberia, eliminando así un gran obstáculo para el ascenso del principado moscovita. En 1480, al negarse a seguir pagando tributos a la Horda, Iván III el Grande, gran príncipe de Moscú, termina con la dominación mongol en Rusia del sur.

Los emperadores mongoles posteriores a Kublai sucumben ante la decadente vida de la corte china y comienzan a sentirse intrigados por las supersticiones del lamaísmo. Cuando llega el desastre con la inundación provocada por el río Huang He y la gran hambruna en China del norte a mediados del siglo XIV, el líder mongol de ese entonces no sabe encontrar una respuesta. En 1368, mientras que el Imperio asiático de los mongoles se desgarra por las luchas internas, los grandes kanes de China son sustituidos por los Ming, una dinastía nativa.

En el siglo XIV la autoridad de los kanes de Turkestán sobre sus súbditos musulmanes disminuye bruscamente. Después de 1370 la región occidental del kanato ya forma parte del Imperio de Tamerlán, un líder mongol que al parecer no era descendiente de Gengis aunque se empeñara en proclamarlo. El dominio del Kan queda así limitado a la región oriental del kanato original.

Imperio de Hulagu y sus descendientes

Antes de 1231 los ejércitos mongoles ya han invadido Irán, Mesopotamia, Armenia y Georgia. En 1258 Bagdad, sede del califato Abasí, es tomada. El kanato iraní es establecido por Hulagu, nieto de Gengis y hermano de Mangu y Kublai. Hulagu gobierna los territorios que hoy forman Irán, el este de Irak, el oeste de Afganistán y Turkmenistán. Los kanes de Irán aceptan la fe islámica.

Durante el reinado de Gazan Mahmud, que comienza en 1295, la casa gobernante se independiza del gran Kan. Son aprobados nuevos sistemas impositivos; las fuerzas armadas son reformadas y se reorganizan las comunicaciones. Es estimulada la cultura iraní, aunque introduciendo nuevos elementos mongoles en los campos del arte y de la arquitectura. Junto con el idioma mongol se utiliza el turco, el persa (farsi) y el árabe, sin embargo, la administración de los últimos kanes es pobre y cuando muere el Kan Abu Sa'id sin un heredero varón en 1395, el kanato se divide en pequeños estados regidos en su mayor parte por iraníes.

Valor del poder mongol

El Imperio mongol hace mucho por unir Asia oriental con la occidental, para lo cual crea un sistema de correo a caballo que recorre las praderas y los desiertos de Asia central, comunicando la capital del Gran Kan en China con los remotos rincones del Imperio. Las rutas comerciales de Asia central se hacen más seguras que nunca, por lo que aumenta notablemente el tráfico de comerciantes y misioneros; así China empieza a ser conocida en Occidente a través de los relatos de uno de su más ilustre viajero, el comerciante veneciano Marco Polo.

Aunque las comunicaciones ayudan a los mongoles a mantener su extenso y variado imperio, el linaje común también desempeña un papel importante. El Gran Kan siempre es elegido por una junta de nobles de todo el imperio y en general, los cuatro kanatos comparten los botines de cada uno.

No obstante las buenas comunicaciones y los lazos de parentesco, son insuficientes a la hora de contrarrestar las fuerzas centrífugas que sacuden al imperio. Pronto aparecen diferencias religiosas y los dirigentes mongoles de Asia occidental tienden a aceptar el islamismo, al tiempo que los de China se convierten al budismo o al lamaísmo.

En la vida política, los mongoles de China siguen las enseñanzas socio-políticas del confucianismo, insistiendo en la universalidad de la autoridad de los gobernantes; los de Asia occidental son absorbidos por las convulsiones políticas y las guerras en Europa oriental y en Oriente próximo. China, Rusia e Irán disponen de su propio idioma, cultura y sistema de gobierno y cada uno trata de influir sobre sus jefes supremos mongoles.

Tal vez lo más significativo es que cada una de estas regiones es sede de una civilización agrícola sedentaria. En cada una de ellas la imposición del dominio mongol parece haber llevado a un restablecimiento de los regímenes burocráticos locales, más preocupados por los problemas internos y por ello, menos vulnerables a la dominación mongol.

Comienza la increíble aventura

En la tradición veneciana, el primogénito de una familia debe quedarse en la sede del comercio y los demás viajar para ampliar los horizontes de ventas de sus productos y a la vez, dar entrada a otros que no se elaboran en Europa, de este modo los hermanos Nicolo y Mateo Polo, después de haber llevado a cabo excelentes negocios en la región del Volga, deciden regresar a Occidente.

El viaje de regreso es impedido porque en 1261, Berca declara la guerra a su primo Hulegu, Kan de IL, un poderoso estado mongol que abarca lo que ahora son territorios de Irán, Irak y Afganistán y las invasiones de la caballería de Hulegu son constantes y peligrosas para los viajeros, más si deciden encaminar sus pasos por el rumbo del río Volga y el Mar Negro.

Los Polo deciden entonces caminar hacia el Este, atravesando el desierto de Ust Urt, situado entre los mares Caspio y Aral y también cruzan el río Amu Darya, llegando a otro estado mongol, el kanato Chagatai. Allí se establecen en la ciudad de Bujara durante tres años debido a diferentes guerras que les impiden salir del imperio mongol, llegar al Mediterráneo o marchar hacia el Este por otras rutas menos conflictivas, aunque tienen a bien aprender el idioma mongol, que les será de mucha utilidad en el futuro.

Invitación para visitar al gran Kan

Una vez lograda la paz en 1265, llega un mensajero del Gran Kublai Kan y propone a los hermanos Polo que se unan a su séquito para visitar la corte de su Señor, quien tiene deseos de conocerlos porque nunca ha visto a un europeo occidental, y como Nicolo y Mateo no se hacen del rogar y siempre tienen el deseo de viajar y conocer personas, países y reinos, aceptan gustosos la invitación.

Durante un año viajan y recorren miles de kilómetros, en ocasiones detenidos por largo tiempo como consecuencia de las inclemencias del clima, ya que unas veces la nieve bloquea los caminos y otras, el deshielo impide bordear fácilmente los ríos. Ellos parten siguiendo la ruta de la seda, es decir, de las riberas del río Syr Darya, recorriendo estepas situadas al norte de los montes Tien, llegando hasta la región de Tangut, al extremo occidental de la gran muralla china y por fin, a partir de allí, se encaminan hacia la capital del Gran Kan, la ciudad de Cambeluc, conocida actualmente como Pekín o Beijing.

El encuentro es sumamente amistoso entre el rey mongol y los mercaderes venecianos, ya que aquel los interroga con mucha curiosidad sobre la vida de los habitantes de Europa Occidental, poniendo especial interés en los pormenores de la religión cristiana y aunque Kublai es un convertido al budismo, su curiosidad por conocer otras religiones es evidente, ya que como sus ancestros son politeístas, siente un enorme respeto por las creencias divinas de otras culturas y en este caso más, ya que la madre del Gran Kan, fue una cristiana nestoriana*.

---

* Nestorio es un patriarca de Constantinopla nacido en 428 d. C. que combate a los arrianos y a los novacianos, pero denunciado como hereje por sus doctrinas, en las cuales manifiesta una doble naturaleza de Jesucristo en un solo individuo y niega la maternidad de la virgen María en cuanto a la persona divina.

Los venecianos hermanos Polo, debido al buen recibimiento del que son objeto, se atreven a preguntarle al rey mongol por qué no se ha convertido al cristianismo y la respuesta es pronta y precisa: "Porque los cristianos de mi imperio son ignorantes y carentes de todo poder, en tanto que los monjes budistas son capaces de llevar a cabo prodigios como controlar las tempestades".

Sin embargo, Kublai Kan decide despedir amistosamente a Nicolo y Mateo Polo, mandándolos con uno de sus nobles para que, en su calidad de embajador, acuda ante el Papa Clemente IV y le solicite el envío de cien personas sabias para que prediquen su religión y la doctrina cristiana, tomando en cuenta que si estos demuestran que los prodi-

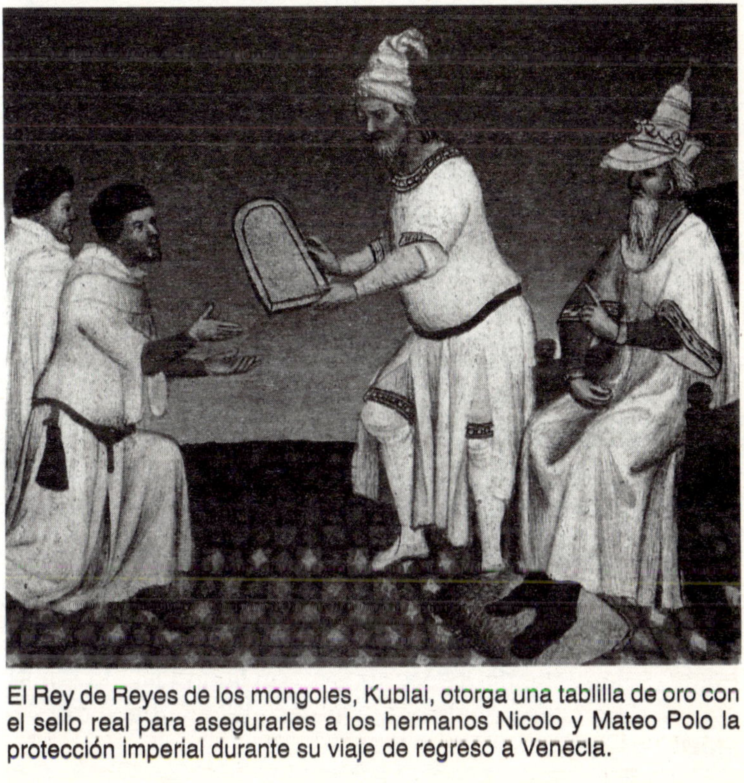

El Rey de Reyes de los mongoles, Kublai, otorga una tablilla de oro con el sello real para asegurarles a los hermanos Nicolo y Mateo Polo la protección imperial durante su viaje de regreso a Venecia.

gios de los monjes budistas son obra de espíritus malignos y que son lo suficientemente poderosos como para impedirles que lo sigan haciendo, él renegará del budismo y se convertirá al cristianismo junto con su corte y todo el pueblo mongol.

Y para ser más cordial con su pedido, envía al Pontífice varios objetos valiosos y un tejido de asbesto, de aquellos que no se queman nunca y solicitan que le lleven aceite de la lámpara que arde ante el Santo Sepulcro de Jerusalén (este aceite del sepulcro de Cristo, es considerado como milagroso y es comercializado por los misioneros armenios establecidos en la china oriental desde el siglo VII).

Para que los Polo no tengan contratiempos en su viaje de regreso, el Gran Kan les obsequia una tablilla de oro de mando con grabados, misma que les servirá para que los identifiquen como personas protegidas por la máxima autoridad concedida por el Gran Kan, así, pueden adquirir alojamiento, caballos, escoltas y todo cuanto les sea indispensable y necesario para llegar con bien a su destino.

Así, en un viaje larguísimo en kilómetros y tiempo y debido a que el noble mongol que los debe acompañar, enferma, los europeos prosiguen su recorrido sin él, llevándoles tres años en llegar a la ciudad armenia de Laias, en la costa del Mediterráneo oriental, en este sitio, se embarcan hasta el puerto de San Juan de Acre, a donde llegan en abril de 1269, aquí, reciben la fatal noticia de que el Papa Clemente IV falleció el 29 de noviembre de 1268.

Deciden entonces entrevistarse con el legado pontificio Teobaldo Visconti de Piacenza, quien al saber de las noticias y obsequios del Gran Kan, escucha con sumo interés la invitación y les pide que esperen a la elección del nuevo Papa para poder llevar a cabo esta importante misión.

En este intervalo, los hermanos deciden regresar a su hogar, solamente para encontrarse con la noticia, de que la esposa de Nicolo ha fallecido y que su hijo ya tiene quince años.

Gran viaje de Marco Polo

La pena de Nicolo por la pérdida de su casi desconocida esposa, no es motivo suficiente como para que, en el curso de los dos años que permanece en Venecia, vuelva a contraer nupcias con Fiordalisa Trevisan, quien en ese tiempo se embaraza y da a luz un segundo hijo de Nicolo, medio hermano de Marco; el bebé se llama Mateo, en honor al otro hermano del padre.

La vida tranquila y hogareña en la que pasan estos dos últimos años los hermanos Nicolo y Mateo, les parece aburrida y monótona y sin esperar a que se elija un nuevo Papa, deciden emprender otro viaje hacia los enormes dominios del Gran Kublai Kan, solamente que ahora, quien los acompaña lleno de entusiasmo y contagiado por los relatos de su padre y tío, es el juvenil Marco Polo quien, sin saberlo, inicia una etapa muy larga, provechosa y productiva en su vida, dejando un testimonio impreso clave para conocer muchas de las maravillas de sus viajes y para descubrir un mundo que más allá de sus fronteras, parece ser, está aislado del resto de Europa.

Marco Polo es un chico de mente ágil y despierta lleno de una curiosidad insaciable; estas cualidades le permitirán registrar a lo largo de sus viajes, una información rica en detalles, con fuerte tendencia a la exageración. Algunos estudiosos de los libros de Marco, creen que si hubiera obtenido una educación más rigorista científicamente su capacidad de análisis sería mayor pero, también es cierto que se hubiera llenado de prejuicios que los religiosos cristianos tienen al respecto de las costumbres de otros pueblos que no profesan su religión.

Antes de iniciar el gran viaje, el trío Polo va de Venecia a San Juan de Acre, en donde reciben unas cartas para el Gran Kan de manos del legado pontificio, Teobaldo de Piacenza (quien finalmente será elegido como el Papa Gregorio X en septiembre de 1271). Prosiguen su viaje hasta Jerusalén para obtener un poco del famoso aceite que permite arder a la llama ante el Santo Sepulcro y que les fue solicitado encarecidamente por Kublai.

Cumplidos estos requisitos, van rumbo a la corte ante la presencia del rey mongol Kublai Kan. Llegan a Laias, en la pequeña Armenia, región que rinde tributo a los mongoles, y donde tienen la necesidad de quedarse más de lo planeado porque hay una rebelión de un señor mongol que tiene invadidos los caminos y más si se es extranjero mientras esperan a que cambien la situación, en este intervalo, reciben al enviado de Teobaldo, quien ya ha sido elegido nuevo pontífice en Roma y les ordena que regresen para que tengan otra entrevista con él.

Como buenos cristianos, la familia Polo regresa a Roma donde el nuevo Pontífice Gregorio X les asigna a dos monjes dominicos, los frailes Nicolo de Vicenza y Guillermo de Trípoli, para que los acompañen ante la presencia del Gran Kan y ofrecerle varios obsequios y sobre todo, para que empiecen la evangelización cristiana en tierras mongoles, el Papa se toma muy en serio el ofrecimiento de Kublai y por eso, provee a los viajeros de todo lo necesario, cartas, credenciales y obsequios para que sean bien recibidos por el rey Kublai.

Pero en el transcurso del viaje hacia el reinado de Kublai, llegan hasta Armenia tan sólo para enterarse que Bondocdero, sobrenombre de Baibars, también conocido como Bundukdari, sultán de Egipto, se dirige hacia esta ciudad con un gran ejército, mismo que saquea e incendia todos los poblados a su paso.

Al enterarse de esto, los frailes dominicos deciden que ese tipo de aventuras no son de su agrado, por lo que temiendo por su vida, reciben con enorme gusto la orden de regresar a Roma, de inmediato se disponen a hacerlo, entregan cartas y obsequios a los hermanos Polo y presurosos, inician el viaje de regreso a su adorado y sobre todo seguro terruño.

Los venecianos, más acostumbrados a este tipo de guerras, continúan su viaje, no exentos de peligro de caer prisioneros e incluso de ser muertos por los rivales del Gran Kan.

Del largo y sinuoso camino de la familia Polo

Para poder llegar hasta el Gran Kan lo más pronto posible (esto es un decir, en tiempos en que viajar lleva años para desplazarse de una un país a otro), el trío de los Polo se desplaza sin interrupción y sin importar si es el hirviente verano o el crudo invierno, atraviesan desiertos, cruzan ríos

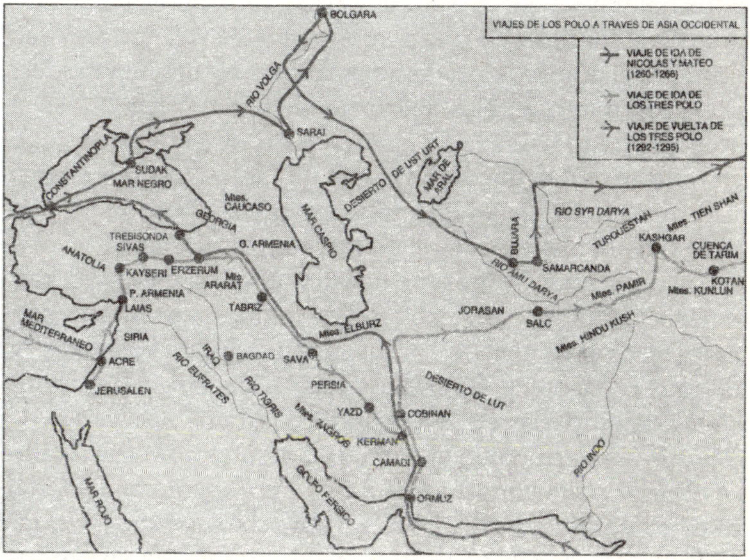

Mapa que muestra las rutas de los viajes de los Polo en diferentes épocas.

caudalosos, soportar grandes tormentas siempre en el sentido del Viento Negro y de la Tramontana.

Al arca de Noé

Marco, al llegar a Armenia, descubre que los que se dicen cristianos en este territorio no son fieles a la iglesia de Roma. Dice a su favor que pueden regresar a su fidelidad hacia Jesucristo si les envían buenos y fieles predicadores, demostrando con esto que los Polo, aunque son eternos viajeros, tienen en mente su misión religiosa encargada personalmente por el Papa Gregorio X.

Cuando están en Armenia, a lo lejos Nicolo, Mateo y Marco observan con veneración el mítico monte Ararat, sitio en el cual, según la Biblia, encalla el arca de Noe cuando deja de llover después de hacerlo durante cuarentas días y sus respectivas noches.

Como joven inquieto y curioso que es Marco, pregunta a los habitantes de la ciudad si han descubierto la famosa arca en el monte y ellos le responden que en determinadas épocas del año se logra distinguir entre el hielo y la nieve, una gran mancha negra en forma de barco y que esa es el arca que tanto llama la atención por lo que Marco consigna en su libro lo siguiente: "En este lugar, parece percibirse una macha y un gran objeto negro que se ve a lo lejos, en medio de la nieve, aunque de cerca no se puede ver".

Estudios posteriores con instrumentos de precisión, han determinado que sí, efectivamente, allí está asentada una embarcación que tiene las mismas medidas, en codos, y aunque no se ha hecho oficial la investigación, si tiene muchas posibilidades de ser real esta vieja creencia religiosa del diluvio narrada en el viejo testamento judío-cristiano.

Por el politeísmo mongol, le parece increíble a Marco que los mongoles no se interesen en saber qué dios es adorado dentro de sus territorios y que, con tal de que todos sean fieles y obedientes al Kan, su amo y señor, paguen el tributo fijado y vivan en paz y justicia. Cualquiera tiene libertad de hacer lo que le plazca con su alma. Esta intolerancia religiosa del joven veneciano, contrasta con las ideas de los mongoles respecto a Jesucristo, ya que dicen que: "Es un señor orgulloso que no quiere estar junto a los otros dioses, sino ser dios sobre todos los restantes del mundo".

Regresando al largo y sinuoso viaje del trío de los Polo, de la Gran Armenia parten hacia Persia, la actual Irán, de la que el joven Polo escribe: "Es una grandísima región que antiguamente fue muy noble y de muy altos hechos, aunque ahora los tártaros han destruido y devastado la mayor parte de ella".

Se debe tomar en cuenta que la dominación mongol es benéfica para quienes están bajo su protección, ya que, como buenos comerciantes, protegen a los viajeros proporcionándoles escoltas que, son bien pagadas, ya que los asaltos a las caravanas son frecuentes y lo mejor es partir en ellas cuando son numerosas, bien armadas y protegidas.

Y a la tumba de los Reyes Magos

Por esta razón, Nicolo, Mateo y Marco se adhieren a una caravana que tiene muy bien definida su ruta, ya que en lugar de atravesar las enormes áreas desérticas del interior de Persia, muy a propósito para ser asaltada, prefieren hacerlo por el margen montañoso occidental del país, que es más largo y penoso, pero también con un mayor margen de seguridad.

A propósito de esta enorme caravana, en ella, por supuesto, hay personalidades de varias ciudades, muy diferentes entre sí, por lo que los relatos son por demás interesantes, más si se tratan de aquellos en que la fe está presente, como el del zapatero cristiano de Bagdad, quien gracias a su fe, logra mover una enorme montaña para salvar de una muerte inminente a otros compañeros y amigos de él, ya que el califa había ordenado su aprehensión y ejecución inmediata.

O la de la historia, modificada, de los reyes magos que llegan desde oriente para saludar y rendir tributo al niño Jesús. Al respecto de este último capítulo, Marco Polo, al llegar a Sava, al norte de Persia, encuentra tres tumbas iguales, cubiertas por un excelentemente bien labrado templete que termina con una cúpula, allí hay tres cuerpos muy bien conservados, en los que se aprecia que aún tienen barba y el cabello intacto; son los cuerpos de tres reyes que en vida fueron amigos y que tienen muchos años de haber fallecido.

Marco pregunta por la historia de estos reyes pero en Sava nadie puede decirle más de lo que ya sabe, sin embargo, en un lugar situado adelante de esta ciudad, encuentra a los llamados *adoradores del fuego*, quienes le dan todos los datos que solicita el joven Polo.

Antiguamente, tres reyes del país marchan en busca de un profeta recién nacido en tierra de judíos, llevándole ofrendas de oro, incienso y mirra. Hasta esta parte, Marco está complacido de comprobar otro pasaje bíblico, aunque tiene que admitir que lo que sigue de la historia ya no está registrado en la escritura sagrada cristiana.

El recién nacido, al ver llegar a los tres reyes, les entrega un cofre pequeño, mismo que abren cuando ya están de regreso a sus respectivos países, miran al interior y descubren, no sin desencanto, que solamente hay una piedra, enojados, la arrojan a un pozo profundo y para su sorpresa, una lengua de fuego desciende desde el cielo, entra en el pozo y provoca que de allí salga una inmensa llama que nunca se apagará y que desde entonces es adorada por los habitantes de este país, utilizando exclusivamente este fuego para encender el que arde en sus templos.

Lo que probablemente haya sucedido, es que, por accidente, el fuego llegó hasta la salida de un yacimiento de petróleo, tan abundante en esta región y ardió hasta que se terminó el combustible que, en esa época, es utilizado para mantener iluminadas las casas durante las noches.

Asalto a la caravana

Al continuar su viaje y aún sabiendo que la caravana es numerosa y bien armada, no tiene garantía de que no será asaltada y este es el caso ya que cierto día en que penetran en una llanura situada a pocas jornadas de Ormuz, llena de bandidos, ciudad protegida por muros altísimos y torres de vigilancia, son sorprendidos por un descendiente del legendario Gengis Kan, quien no está sujeto a las disposiciones determinadas al fundarse el Imperio, poniendo en peligro una de las rutas más importantes el comercio que van del corazón del Kanato de IL hasta su puerto principal.

Cuando la caravana de los Polo atraviesa estos peligrosos territorios, de pronto se forma una tormenta de arena que crea una niebla de partículas de polvo, tan frecuentes en las zonas desérticas y bajo esta protección de la naturaleza, los asaltantes logran llegar hasta la caravana y sorprender a todos los integrantes de ella, matando y robando a cuantos pueden y tomando prisioneros que posteriormente les servirán de esclavos o para ser vendidos entre otros rebeldes del imperio del Gran Kan.

Nicolo, Mateo y Marco Polo apenas pueden salvarse junto con otros cuatro y son los únicos sobrevivientes de todos los que integraban la enorme caravana. Después de un susto de este tamaño, el trío de venecianos está convencido, en contra de sus creencias religiosas cristianas, de que la niebla seca que permite a los asaltantes atacarlos, es provocada por medio de artes diabólicas o de brujería que la misma gente del lugar les atribuye a los bandidos.

Y si de creencias de fe se trata, los Polo, en cuanto están a salvo, dedican un buen tiempo a agradecer a Dios el que los haya librado de una muerte segura, convencidos de que su misión llegará a feliz término como lo ha dispuesto la divinidad.

La calurosa ciudad de Ormuz

La familia Polo llega al importante centro comercial de la ciudad de Ormuz, siendo recibido por un sofocante calor mayor al que han sufrido en el desierto, probablemente, Nicolo, Mateo y Marco piensan en hacer su recorrido por mar, para llegar lo más pronto posible hasta el Gran Kan, sólo por esta razón se explica el por qué viajan tan al sur en su ruta hacia la sede del Imperio de Kublai Kan.

Sin embargo, al observar detenidamente las pésimas embarcaciones con que contaban los venecianos deciden no hacerlo por mar.

Así entonces, tienen que regresar a la ciudad de Kerman en Persia y encaminarse hacia el norte por la llamada ruta de la seda , esto significa que deben atravesar el desierto de Lut, famoso porque en su suelo no crece la hierba y los pocos pozos de agua potable, por llamarla de algún modo, están muy distanciados unos de otros y al ser bebida por humanos y animales, (camellos y asnos de gran resistencia) este líquido verdoso y amargo provoca dolores de estómago y diarreas que duran varios días en ser sanados.

Afortunadamente, aunque escasos, encuentran pocos pero bellos oasis para resguardarse del inclemente calor del desierto. Pasan por la hermosa ciudad de Cobinan y más al norte llegan a Jorasán, una población muy diferente a todas las visitadas por los Polo, ya que tiene un reconfortante y refrescante clima templado y varios días lluviosos en ciertas épocas del año, logrando dar un descanso y alivio a sus afligidos y maltratados cuerpos.

En esta población Marco Polo encuentra dos atractivos adicionales a los ya descritos: "Las bellísimas mujeres sobre toda ponderación" como las describe el joven veneciano y el escuchar una de las historias más curiosas y fascinantes de cuantas ha escuchado en su primer recorrido por las tierras del Gran Kan.

El viejo de la montaña y el control de los asesinos

En una noche en que Marco no tiene sueño y deambula por el campamento, escucha con mucha atención esta narración: "Los bandidos y asaltantes tienen su guarida en la región montañosa situada al sur del mar Caspio, en un hermoso valle en el cual el Viejo ha construido un maravilloso jardín, donde se levantan deliciosos palacetes y retozan las más hermosas mujeres. Un poderoso castillo que cierra la entrada del valle hace inaccesible el jardín, al que solamente tienen acceso los hombres a los que el Viejo quiere convertir en instrumento de sus malvados planes.

"Tras ser drogados, en su despertar, aquellos rudos montañeses, rodeados de bellas damas, les sirven exquisitos manjares, cantan para ellos y les hacen mil locuras y caricias y favores tales que ni se puede imaginar, por lo que están convencidos de encontrarse en el paraíso que Mahoma ha prometido.

"Cuando, tras ser nuevamente dormidos, se encuentran fuera del jardín, se muestran dispuestos a cualquier acción con tal de volver al paraíso, considerándose afortunados si el Viejo los envía a una muerte segura. Esta convicción, da al Viejo un gran poder, mismo que utiliza para ordenar el asesinato de sus enemigos y sembrar el terror alrededor de él durante tres años, siendo hasta 1265 cuando el fundador del kanato de IL, Hulagú, quien llega hasta el castillo, arrasa con él y mata al Viejo junto con todos sus seguidores".

Aunque tiene muchos elementos de la narrativa de novela, este hecho está comprobado totalmente por los historiadores, ya que se refiere a un Imán ("enviado de Alá") quien dirigía una secta musulmana que tiene su origen al final del siglo XI, teniendo su sede en el castillo de Alamut, en las montañas situadas al sur del mar Caspio.

Fueron nueve Imanes quienes se suceden hasta que muere el último llamado Viejo a manos de los mongoles, pero no solamente tenían un caudillo sino que estaban extendiéndose hacia las montañas de Persia y Siria, destacando entre sus muchos crímenes, los asesinatos de cuando menos dos califas de Bagdad y dos príncipes cruzados.

En cuanto al posible paraíso que visitan los mortales se cree que, se debe más a los efectos de la droga llamada hachís, que a lo que realmente creen haber vivido. Pero no se piense que los ismaelitas, –nombre como son conocidos estos sectarios del mongolismo–, fueron exterminados, no, desde luego que su actividad criminal y política si es exterminada, pero logran autodesterrarse hacia la India, en donde destacan y sobreviven a su muerte, gracias a la gran devoción de la que aún goza, el jefe espiritual de estos ismaelitas quien pasa a la historia con el nombre de Aga Kan.

Al llegar a la ciudad de Balc, Marco aprecia una población grande y hermosa pero en decadencia, debido a los continuos saqueos de mongoles y otros pueblos invasores. Tiene mucha importancia por ser un punto clave de encuentro entre caravanas procedentes de la India y las que llegan de China.

Marco Polo enferma

Después de reanudar su viaje y de dejar atrás el kanato de IL, llega a otro conocido como Chagatai, una ciudad compuesta en su mayoría por turcos musulmanes y que actualmente es parte de Turquestán.

Durante este recorrido, Marco Polo enferma de diferentes tipos de fiebre y esto provoca que tenga que descansar durante todo un año. Su salud mejora gracias al aire puro de la elevada región de Badakshan, por la que pasa el río Amu Darya, nacido en el macizo de Pamir y que se abre paso hacia la llanura. En estos macizos, la familia Polo, tras varios intentos de ascenso por ellos, llega por fin a la cima.

Las enormes mesetas poseen hermosos bosques y praderas en donde caminan libremente rebaños de corderos, precisamente, de entre los ejemplares de estos rebaños, Marco hace una detallada descripción del carnero de Pamir, que posteriormente, cuando los estudiosos de la fauna lo clasifican, le ponen el nombre de *Ovis Poli* es decir, *Carnero de Polo* en honor al famoso viajero veneciano.

En estas mesetas también hay arroyos de agua sumamente cristalina y clara en los que abundan las truchas y varias especies de peces de exquisito sabor; destaca otro tipo de agua como la sulfurosa, que bien empleada, sirve

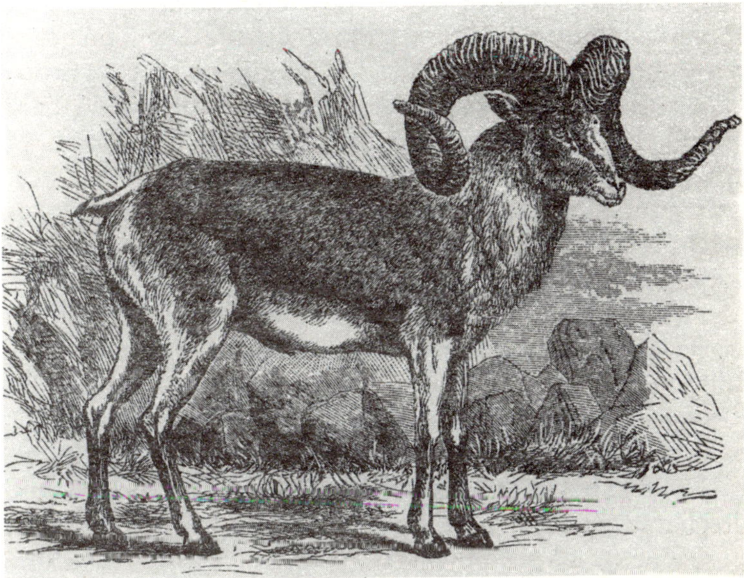

Este carnero de Pamir, recibe el nombre oficial de *Ovis poli* en honor de Marco Polo por la detallada descripción que hace de este ejemplar desconocido en Europa en el siglo XIV.

para aliviar alguna clase de afecciones y enfermedades aquí el aire es muy fresco, contrastando con el intenso calor de las regiones bajas.

Con este clima a tono, se alivia cualquier enfermedad y así, Marco puede recuperar su salud y los deseos de continuar con el viaje, no sin antes apreciar una costumbre un tanto extraña en los habitantes de estas mesetas, ya que visten de tal forma, que los calzones, tanto de hombres como de mujeres, son hasta los tobillos, destacando con otras prendas y aditamentos las partes de los glúteos y piernas mismos que, mientras más abultados se aprecien, más admiración, deseos y pasiones despiertan en los demás.

Al cabo de unas semanas, el trío de los Polo logra atravesar el Pamir, de cuyos montes los habitantes de los alrededores dicen que son los más altos del mundo y aún hoy en día son conocidos como *El Techo del Mundo* por medir más de siete metros de altura y los venecianos llegan hasta lo más alto posible, encontrándose con que, al intentar hervir y cocinar carne y cereales, descubren que están crudos aún a pesar de dejarlos al fuego la misma cantidad de tiempo que acostumbran al nivel del mar, lo que no saben, es que, al estar muchos metros arriba, la presión atmosférica, por ser menor, permite que el agua hierva más rápido, es decir, a menos de 100° Celsius, por lo tanto, los alimentos requieren de más tiempo para cocerse.

Una vez que descienden de Pamir, los europeos llegan hasta la cuenca de Tarim, una extensa región encerrada entre altas montañas, en esta época, pertenecen al kanato de Chagatai, de aquí pasan a Charchan, la antigua tierra noble y fértil, pero ahora devastada por los mongoles rebeldes.

En este poblado, Marco Polo escucha con atención como los habitantes de Charchan está preparados para recibir a los ejércitos, ya sean invasores o aliados. Si son los primeros, huyen las familias con sus animales, llevando con ellos sus alimentos, hacia el desierto, a los oasis desconocidos por los extraños y ahí permanecen protegidos por los frecuentes arenales que se dan en la región que les facilitan el camuflaje y el ser totalmente ilocalizables por los demás. En cambio, cuando son los segundos, los esperan con los brazos abiertos solamente ya que los alimentos y animales continúan escondidos en el mismo refugio del desierto y aunque sean amistosos los mongoles que están en Charchan, tienen la mala costumbre de no pagar por lo que comen o se llevan.

Al Este de la cuenca de Tarim, empieza el inclemente desierto de Gobi, a través del cual, Nicolo, Mateo y Marco Polo llevan a cabo una peligrosa travesía durante treinta días por lo que, incluso, estos viajeros venecianos son reconocidos como los primeros europeos en atravesar dicha estepa en el año 1275.

Desde luego que una travesía tan llena de amenazas, no está exenta de leyendas que provoquen un panorama aún peor que la escasez mortal de agua, terminarse el alimento antes de salir del desierto, perderse de las pequeñas caravanas o morir de sed, a esto, hay que agregar, como lo hace Marco, que antes de internarse en el desierto de Gobi, son advertidos de que deben cuidarse porque el inhóspito terreno arenoso está lleno de espíritus malignos que gozan desorientando a los viajeros que se quedan rezagados de las caravanas, haciendo que se pierdan, gracias a que provocan sonidos iguales a los de las mismas caravanas pero en otras direcciones.

Por si es verdad o no, los Polo cuelgan cencerros en los cuellos de sus animales para evitar que se pierdan y antes de dormir, marcan el rumbo hacia donde tienen que continuar el viaje al día siguiente y aunque sus creencias religiosas cristianas les impiden creer en demonios y fantasmas, no les queda más remedio que tomar en serio a estos espíritus demoníacos, por no conocer cabalmente los sonidos extraños y constantes que produce el desierto.

Si bien es cierto que Nicolo, Mateo y Marco Polo sonríen y están contentos cuando salen del desierto, tampoco salen de su asombro cuando llegan al poblado de Tangut, un dominio importante y directo del Gran Kan.

En este poblado, el joven Marco se muestra muy sorprendido ante la enorme cantidad de monasterios llenos de ídolos y ante la "extraña" costumbre de incinerar los cadáveres junto con varios objetos y pequeñas imágenes de servidores y animales, creyendo que así, los difuntos dispondrán de todo aquello después de la muerte.

Pero lo que más asombra al joven (y aún casto) veneciano, es que los monjes viven con mucha modestia, incluso, más que los laicos y se abstienen de las tentaciones del pecado y la lujuria, tan es así, que Marco no comprende que tal libertinaje no es considerado como malo o pecaminoso por los habitantes de Tangut.

Estos seres piensan que no hay tal pecado si tienen relaciones sexuales con una mujer por iniciativa de ella o si se casan con tantas mujeres como puedan mantener, incluso, no importa si son esposas de su padre, siempre y cuando no se trate de la propia madre, por esto, el adolescente veneciano dice: "Los pobladores de Tangut no consideran faltas muchas muy graves que nosotros consideramos pecados mortales y viven como bestias en cuanto a estos extremos".

Otra costumbre que no le consta a Marco Polo pero que asienta en uno de sus libros, es el de cómo muchos guerreros mongoles logran sobrevivir a las adversas condiciones del desierto, ya que son capaces de marchar durante un mes entero sin ningún otro alimento que la leche de yegua, conservada seca y mezclada con agua al momento de beberla y algunas pequeñas piezas de caza que encuentran en el camino. Si no hay alimento disponible, sobreviven audazmente, absorbiendo en pequeñas cantidades la sangre de sus caballos, a través de pequeñas incisiones en una vena que dejan cerrar para abrir otra distinta.

Por si esto no es suficiente, estos valerosos soldados pueden avanzar con mayor rapidez, si la situación lo requiere, cabalgando dos días enteros, solamente cambiando de caballos para no reventarlos con el esfuerzo e incluso, pueden dormir sobre su montura mientras el animal avanza solo y sin desviarse de su rumbo.

En cuanto a su concepto de las mujeres mongoles, Marco siente una enorme admiración por ellas, ya que dice que son mucho más activas que las hembras de pueblos sedentarios y también más castas que muchas de las autodenominadas cristianas, refuerza esta creencia en que, siendo incluso parte de un decena de esposas de un solo hombre, todas se mantienen castas y virtuosas, procurando guardar su honor para gran vergüenza del resto de las mujeres del mundo.

Emisarios del gran Kan

En cuanto Kublai Kan es informado de la visita de los amigos venecianos, inmediatamente envía una embajada para que los atiendan lo mejor posible y asegurarse de que lleguen con bien hasta su palacio en Shangtu, a pesar de encontrarse a cuarenta jornadas de su destino, pero afortunadamente para los viajeros europeos, las penalidades han quedado atrás y los últimos días de marcha son confortables y tranquilos.

Todo el viaje, que en momentos se torna sumamente lento, incluso más que en otras caravanas, les lleva la fabulosa cantidad de ¡54 meses!, es decir, tres y medio años para poder llegar hasta Shangtu, en donde está la corte y el reinado de Gran Kublai Kan, al finalizar la primavera de 1275, cuando Marco Polo ya tiene 21 años y ya ha pasado de su adolescencia a la plena juventud y madurez.

Dos palacios de cuento de "Las mil una noches"

Shangtu está situada al norte de Pekín o Beijing y según Marco Polo, Kublai Kan ha mandado construir dos palacios, el primero, en el interior de la ciudad, ricamente adornado con mármol y piedras nobles, enormes arcos, esculturas de leones, dragones y otras figuras igualmente bellas muy al estilo chino.

El otro palacio es ¡desmontable! Construido con varas de bambú recubiertas de barniz dorado. Se encuentra en medio de un extenso parque amurallado en donde viven ciervos, corzos, gacelas y aves de presa que encuentran su alimento con facilidad en este territorio, aquí, Kublai pasea la mayor parte de los días, acompañado de un leopardo amaestrado, este palacio es construido y habitado durante el verano y desmontado mientras dura el invierno.

Esta es la descripción de uno de los palacios que maravilla a Marco Polo desde el primer momento en que lo ve y en la medida en que va acercándose a él: se extasía "Este palacio es cuadrado por todos los lados, primero hay un cuadrado de muros, cada uno de cuyos lados tiene ocho millas de largo y a cuyo alrededor hay un foso profundo. En medio de cada lado hay una puerta por la que entran todas las personas procedentes de todas partes.

"Luego hay por dentro, todo alrededor, un espacio vacío de una milla de largo, donde están estacionados los soldados. Tras este espacio se encuentra otro muro cuadrado, cada uno de cuyos lados tiene seis millas; la cara que da al Mediodía tiene tres puertas y lo mismo la que mira hacia la Tramontana; la del centro es la más ancha; siempre está cerrada y sólo la abren cuando el Gran Can quiere entrar o salir; las otras dos, más pequeñas, que están a los lados de la grande, permanecen siempre abiertas y por ellas es por donde entra la gente.

"En cada ángulo de esta muralla, así como en el centro de cada cara, hay un vasto y soberbio palacio, de suerte que son ocho en torno a la muralla; ahí se conservan los pertrechos del Gran Can, a razón de una sola clase de arreo por edificio, bridas, sillas, estribos y demás cosas que pertenecen a los pertrechos de los caballos.

"En otro hay arcos, cuerdas, aljabas (envoltorios), flechas y otras cosas relativas al tiro; en otra, corazas, corseletes y otros objetos semejantes de cuero cocido. En este círculo de muros se contiene una nueva muralla cuadrada y cada uno de cuyos lados tiene una milla de largo; es decir, que tiene aproximadamente cuatro millas de perímetro. Es muy espesa y de altura tiene diez pasos; la cara exterior está completamente revestida de un baño rojo y blanco y almenada como un castillo.

"En cada ángulo de esta muralla se encuentra como antes, un gran palacio muy hermoso y muy rico, donde se guardan de igual manera los pertrechos del Gran Can, arcos, flechas, aljabas, estribos, sillas, bridas para los caballos, lanzas, mazas, cuerdas de arco, tiendas y demás cosas necesarias para el ejército.

"Y de nuevo, entre dos de estos palacios se encuentra además un palacio en medio de cada lado; son semejantes a los de las esquinas, de suerte que todo alrededor del muro hay ocho y estos están llenos de los pertrechos del Gran Can. Esta muralla tiene cinco puertas por el lado que mira al Mediodía; la del medio es mucho mayor que las demás y no se abre nunca, salvo cuando el Gran Khan sale o entra y luego la cierra, porque está reservada únicamente al rey. Así entonces, al lado de esta gran puerta hay otras dos más pequeñas, una a cada lado y por estas entran todas las demás personas del séquito del Gran Khan.

"Por último, en cada ángulo se encuentra una grande por la que entran las demás personas. En los otros tres lados no hay más que una puerta, en medio de cada muralla y todos los que quieren entrar por estas puertas, salvo por la más grande, de la que he hablado antes.

"Dentro de esta muralla se encuentra además, una última muralla, que es más larga que ancha. Hay también ocho palacios completamente iguales a los otros ocho de los que he hablado. Igualmente guardan los pertrechos del Gran Señor. Hay también cinco puertas del lado del Mediodía, semejantes en todo a la de la muralla que está frontera y en medio de los otros tres lados, hay una sola puerta por la que todos pueden pasar. En medio de estas murallas está el palacio del Gran Señor, es el palacio más vasto y maravilloso que nunca se ha visto".

Marco Polo, ahora se refiere al interior de este palacio de ensueño: "Los muros de las salas de las habitaciones están totalmente cubiertos, por el interior, de plata y oro y están representados con cinceladura finísima leones y dragones, animales y pájaros, hermosas historias de damas y caballeros y muchas otras clases de cosas hermosas y de historias de guerra. También el techo está hecho de tal forma que no se ve allí nada más que plata y oro y pinturas. En cada cara del palacio hay una gran escalinata de mármol que rodea el palacio y por esos escalones es por donde sube.

"La sala principal es tan grande y tan amplia que más de seis mil hombres pueden comer en ella al mismo tiempo; hay cuatrocientas habitaciones y es un número tal que maravilla. Este palacio es tan grande, tan hermoso, tan rico y tan bien dispuesto que no debe haber en el mundo hombre capaz de imaginar o hacer algo mejor. Los techos, por arriba, vistos desde fuera, son de color rojo, verde, azul pavo real y amarillo, en fin de todos los colores y tan bien barnizados que resplandecen como cristal y se le ve lucir desde muy lejos a la redonda y sepan que este techo es tan fuerte y está tan sólidamente ensamblado que durará muchos años.

"... Entre estas murallas del recinto hay hermosas y vastas praderas y jardines con hermosísimos árboles frutales de diversas especies y también animales extraños, ciervos blancos, animales de almizcle, cabritillos, gamos, ardillas, armiños y muchos otros en abundancia. ...Los prados tienen hierba en abundancia, porque esos caminos están adoquinados y elevados dos codos por encima del suelo, de tal forma que no se amontona en ellos fango ni retienen el agua de lluvia, sino que, corriendo por los prados, abona la tierra y hace crecer la hierba en abundancia.

"Hacia la Osa Mayor, en un ángulo del palacio, hay un lago grandísimo y profundo, donde hay muchas clases de peces que el Gran Señor hace poner allí y siempre que quiere los tiene a capricho. Y también digo que un río no muy grande discurre por allí y lo llena y forma una especie de vivero; allí van a beber los animales y luego discurre hacia el lago y todo está tan bien dispuesto que no escapa ningún pez por estar todo cerrado por redes de hierro, tanto a la entrada como a la salida del río, hay también cisnes y otros pájaros acuáticos".

Esta es la descripción de Marco cuando llegan al gran palacio real y se presentan ante el Gran Kan: "Cuando los señores Nicolo, Mateo y Marco llegan a esa gran ciudad, van directamente al palacio principal, donde se encuentran el Gran Kaán con gran acompañamiento de barones. Se arrodillan ante él y se humillan cuanto pueden tendiéndose en tierra (y rozando el suelo con las frentes en cuatro ocasiones). El Gran Kaán les hace levantarse y ponerse de pie, los recibe con honor y les prepara una gran fiesta. Les pregunta mil cosas sobre su vida y cómo les había ido en el camino.

"Los dos hermanos le dicen que todo ha ido muy bien, puesto que vuelven a encontrarle con buena salud, fuerza y felicidad. Luego él les pregunta por las entrevistas mantenidas con el Soberano Pontífice; le explican con mucho tino todo lo que realmente han hecho; el Señor y todos sus barones les escuchan con grandísimo silencio, maravillándose de sus largas fatigas y peligros.

"Luego ellos le presentan los privilegios, cartas y presentes que el Apóstol, el señor Papa Gregorio, le envía, de lo que se alegra mucho. Y cuando los ha felizmente recibido, elogia su loable exactitud y fidelidad. Luego ellos le entregan el santo aceite de la lámpara del sepulcro de Nuestro Señor Jesucristo; él se alegra mucho, lo recibe con sumo agrado y ordena que sea conservado con gran honor.

"Cuando ve a Marco, que es joven bachiller, el Gran Kaán pregunta quién es:

—Señor— dice el señor Nicolo- es mi hijo y su súbdito; con gran esfuerzo y peligro lo he traído a usted desde países tan lejanos como el bien más preciado que tengo en este mundo, para presentárselo y para que sea su servidor.

—Qué sea bienvenido— dice el Gran Kaán— porque me agrada mucho.

"Sepan con total certeza que la fiesta y el regocijo que hizo el Gran Kaán y toda su corte por la llegada de estos mensajeros es muy grande y son cabalmente servidos y honrados en todo. Residen en la corte y son más honrados que los demás barones, cuando todos los hombres ven el singular afecto que el Señor siente por ellos".

La nueva vida de Marco Polo

Así como Marco llega de 21 años ante el Gran Kublai Kan, transcurrirán más de 20 para poder regresar a su tierra natal, Venecia, la cual no será la misma que vio por última vez cuando era apenas un adolescente.

Esta es una de las pocas descripciones y referencias que hace Marco de sí mismo en su libro *Maravillas del Mundo*: "Entonces sucede que el hijo del señor Nicolo, aprende las costumbres y usos de los tártaros, su lenguaje, sus letras y tan bien que es maravilla. Porque en verdad digo que, antes de que pase mucho tiempo desde su llegada a la corte del Gran Señor, él sabe ya varias lenguas y cuatro escrituras y letras, de tal suerte que puede leer y escribir muy bien en esos lenguajes; era sabio y prudente más allá de la ponderación y el Gran Kaán lo quiere más que a cualquier otro por el buen natural que en él ve y por su gran valor.

"Y cuando el Gran Kaán ve que Marco es tan sabio, quiere poner a prueba su prudencia, esperando en secreto que Marco sea muy capaz de lograr lo que él desea; lo envía (entre 1277 y 1278) por mensajero suyo a cierto asunto importante de reyes a una tierra alejada, cerca de la frontera de Birmania, a una ciudad llamada Caragian , a la que tarda en llegar seis meses.

"El joven bachiller cumple su embajada con prudencia y éxito. Provisto de todo lo necesario, se pone en camino de ida y provisto de todo lo necesario, vuelve a la corte de su Señor. Y ha visto y escuchado en varias ocasiones lo siguiente: *Los mensajeros que el Gran Kaán manda a diversas partes del mundo, al regresar y darle cuenta de la misión que les ha encargado, no saben darle noticias de las comarcas a donde han ido; por eso, el Gran Kaán dice de ellos que son necios e ignorantes y que prefiere más oír hablar de las costumbres, curiosidades y usos de estos países extranjeros que de los asuntos para los que los ha mandado.*

"Por ello, Marco, que sabe todo esto, cuando va a esa misión está muy atento a las novedades y a todas las cosas extrañas que puede saber o ver, a fin de poder repetirlas al Gran Kaán. También lleva consigo muchas cosas curiosas, que agradan mucho al Señor".

Este tipo de descripciones que exige de sus enviados el Gran Kan, seguramente influye en la sana costumbre de Marco Polo de anotar a detalle todo lo que ve, escucha y percibe de las ciudades y países que visita y gracias a ello, se tienen sus valiosos testimonios acerca de una parte del mundo que, durante muchos años, ha estado olvidada de Europa.

Por esto, se cree que Marco Polo domina cuando menos tres lenguas, el mongol, el persa y el árabe, no pudiendo lograrlo con el chino. Regresando una vez más al relato del propio Marco Polo al respecto de esta, su primera e importante misión como embajador del Gran Kublai Kan: "Cuando Marco ha vuelto de su misión, se presenta ante el Gran Kaán y le refiere todo el asunto para el que fue enviado y cómo lo ha concluido muy bien.

"Luego le cuenta todas las novedades y nobles cosas que ha visto en aquel viaje, tan bien y con tanta sabiduría, que el Gran Kaán y todos cuantos lo escuchan, quedan maravillados y dicen entre sí: *si este joven tiene larga vida, no dejará de ser hombre de gran cordura y gran valor.*

"¿Qué más puedo decir. Después de esta misión, el joven es llamado Señor Marco Polo en la corte y así lo llamaré en adelante de nuestro libro. Y está bien, porque es sabio y avisado. Más ¿por qué extenderme en el relato? Tengan por cierto que, tras esto, Señor Marco permanece con el Gran Kaán diecisiete años cabales y que durante todo ese tiempo no cesa de ir en misiones; a veces para asuntos privados del citado Señor Marco, pero siempre con la venia y la orden del Gran Kaán.

"Porque este, desde que ve que Señor Marco le trae noticias de todas partes y que concluyen bien las tareas a que le envía, encomienda al Señor Marco todas las misiones importantes y las lejanas. Cuando un hombre experimentado y sabedor de todos los hábitos del Señor, se toma muchas molestias para aprender y escuchar cuanto sabe que debe agradar al Gran Kaán. Concluye cabalmente su tarea, a Dios gracias y sabe contar muchas cosas nuevas y extrañas.

"Y al Gran Kaán le agrada tanto la conducta del Señor Marco que le tiene una gran estima y le rinde honores tan grandes y le tiene tan cerca de su persona, que los demás barones lo envidian mucho. Y la razón es que el Señor Marco sabe más cosas de aquel país que ningún hombre jamás nacido y todavía pone más cuidado en conocerlas".

En cierta ocasión, siendo aún muy joven Marco Polo, fue enviado por el Gran Kan a una misión muy cerca de la frontera de Birmania, destacando su excelente labor reconciliatoria y sus observaciones de los usos, costumbres, curiosidades y tradiciones de los lejanos países que visita. Sus informes son historia viva que el Gran Kublai Kan devora.

Muy poca información sobre los Polo

Dentro de los escritos chinos, de las dinastías mongoles que aún se conservan, se mencionan frecuentemente las actividades de un señor Polo pero los estudiosos de su vida y obra no tienen la seguridad de que se trate de Marco ni de sus familiares, sino de alguien con el mismo apellido y aunque esto es muy remoto, se cree que no son el joven veneciano.

De lo que si hay constancia de un documento de 1277 (a los 23 años de Marco) en la cual se hace constancia de que un señor Polo es nombrado agente de segunda clase adscrito al consejo privado del gran Kan y es muy posible que durante tres años, Marco si desempeñara el cargo de Gobernador de la ciudad de Yangzhou, además de que también trabajara como agente fiscal en Hangzhoum la principal ciudad china de esta época.

Sin embargo, se sabe muy poco de las actividades del trío de los Polo durante los años que pasan al lado del Gran Kan, por ejemplo, Marco afirma que su padre y tío participan activamente en la conquista, por parte del ejército mongol, del imperio Song, al sur de China, ya que ellos proporcionan información a los soldados de Kublai, junto con un alemán y un nestoriano, para que construyan tres enormes catapultas del tipo que se usan en Occidente, sobre todo cuando se ha sitiado algún poblado, ciudad o castillo.

Pero la cronología parece no cuadrar en estas actividades, ya que el sitio y asedio a la ciudad de Siangyang se origina de 1268 a 1273, en tanto que los Polo llegan a Shangtu en 1275, después de un viaje de tres y medio años, es decir, iniciado en 1269 y por la descripción del recorrido que se ha hecho líneas arriba, los venecianos no intervienen, de ninguna manera, en esta toma de la ciudad.

Claro, siempre cabrá la posibilidad de que si hayan estado allí, pero no existe ninguna referencia escrita que así lo asegure. Por otro lado, siendo comerciantes y enemigos declarados de las guerras (aunque probablemente estén a favor de las cruzadas), Nicolo, Mateo y Marco se dedican a lo que saben hacer perfectamente bien, a las actividades comerciales, principalmente de tejidos, especias y piedras preciosas, que son productos muy apreciados por los países que no los producen o que no tienen fácil acceso a ellos, incluso, Marco dice que él y su tío residen durante más de un año en la ciudad de Ganzhou, llevando a cabo la misma forma de trabajo de los Polo: uno se queda en la ciudad principal y los demás recorren el resto de ciudades ofreciendo sus mercancías.

¿Quién es el gran Kublai Kan?

"Ahora quiero empezar a contar, en esta parte de nuestro libro, todos los grandísimos hechos y todas las grandísimas maravillas del grandísimo señor de los tártaros, el Gran Can que ahora reina y se llama Kublai Kaán que en nuestra lengua significa Señor de los Señores(Rey de Reyes) y emperador y tiene ese nombre con buen derecho, porque todos saben que en verdad este Gran Can es el hombre más poderoso en gente, en tierras y en tesoros que jamás han habido en el mundo, ni hoy ni desde Adán nuestro primer padre y que bajo él las personas son mantenidas en tal obediencia que nunca se les vio igual bajo ningún rey más antiguo.

"Y voy a mostrarles claramente en este segundo libro que es cosa verdadera, a fin de que todos estén seguros de que es el señor mayor que hubo o hay en la tierra y les mostraré por qué".

Así empieza Marco Polo la narración del llamado Segundo Libro y a pesar de que reconoce que Kublai no gobierna Catay por derecho sino por sometimiento, le profesa un enorme respeto y agradecimiento hacia este descendiente directo de Gengis, el cual se aprecia en cada una de sus líneas.

En su escrito, Marco da por cierto que Kublai, efectivamente, desciende en línea directa de "Cinghis Can" como él lo menciona, porque es necesario que, quien se diga Señor de todos los tártaros, debe descender directamente de este linaje y aunque dice que Kublai es el sexto señor, en

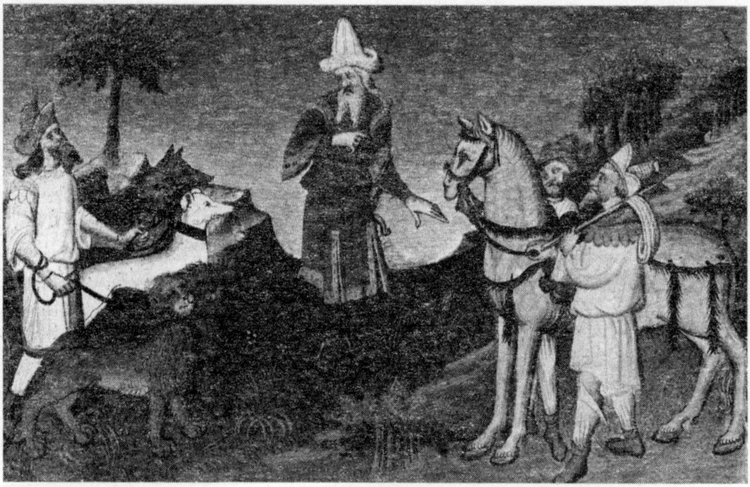

Un gusto que se da frecuentemente el rey de los mongoles, Kublai, es el de ir de caza y obtener buenas piezas, vivas de preferencia, como lo muestra este grabado de 1399.

realidad es el quinto, después de Gengis, Ogodai, Guyuk y Mongu.

Otra dato inexacto es el de su ascensión, ya que de acuerdo con la fecha del veneciano, Kublai llega al poder en 1256 pero en realidad es hasta 1260 cuando es considerado, efectivamente, como el Gran Kan, ya que hay un breve periodo cuando, al fallecer el cuarto Kan, Mongu en 1259, el hermano menor, Arikbuga, intenta apoderarse del trono, siendo derrotado en Mongolia.

Kublai, como buen mongol e hijo de soberanos, desde muy joven muestra su predilección por las armas, la cacería y el "arte" de la guerra, por lo que siempre se le ve en muchos encuentros bélicos, así pronto se vuelve un experto en estrategia militar, un guerrero experimentado y un soldado de los más valientes cuando hay que enfrentar al enemigo. Logró llegar a capitán muy pronto y fue apreciado por sus soldados por ser sabio y audaz en consejos y estrategia.

Marco Polo asegura del Gran Kublai que, desde que asciende al trono, pasan muchos años sin que vuelva a enfrentar a un enemigo, hasta que tiene que hacerlo ante su tío, el rey Naián.

Guerra contra su tío Naian

Esta es la descripción que el mismo Marco Polo hace del enfrentamiento entre familiares por la supremacía de las enormes extensiones de China: "... Hay un gran señor tártaro que tiene por nombre Naián y que es tío de Cublai Kaán. (Bisnieto del hermano menor de Gengis Kan, Jochi, por lo que no es su sobrino Kublai. Naián se convierte al cristianismo y domina varios territorios como Corea y parte de Manchuria. La rebelión y la batalla, de acuerdo con los datos históricos, se llevan a cabo en los años 1287 y 1288).

"Es un joven gentilhombre de treinta años, señor y dueño de muchas tierras y provincias, tanto que puede llevar cuatrocientos mil hombres a caballo. Antiguamente sus antepasados han estado sometidos al Gran Can; él mismo está sometido a su sobrino el Gran Can. ... Cuando ve tan gran señor que puede llevar cuatrocientos mil hombres a caballo para guerrear, se vuelve orgulloso debido a su corta edad y a su gran poder. Dice que no quiere seguir estando por más tiempo bajo el Gran Can y que quiere rebelarse y quitarle, si puede, todo el imperio y el trono.

"Entonces, este Naián manda secretamente sus mensajeros a Caidú, quien es un gran señor poderoso, hacia la Gran Turquía y también es sobrino del Gran Can, pero se ha rebelado contra él y lo quiere muy mal. Le manda decir que él se apresta con todo su valor —que es muy grande— a caer sobre el Gran Can por un lado y le ruega tenga a bien hacer todo lo posible para caer sobre él por el otro lado, a fin de quitarle la tierra y el señorío.

"Habiendo escuchado estas nuevas que le manda Naián, Caidú dice que le place y piensa que ha llegado la hora de realizar sus deseos; responde que se preparará bien para ir en su ayuda con toda su gente en el momento que fijen e irán contra el Gran Can. Y sepan que tiene poder para reunir y lanzar a la batalla cien mil hombres a caballo.

"¿Qué más puedo decir? Estos dos barones, Naián y Caidú, puestos de acuerdo los más secretamente posible, reúnen gran número de jinetes y hombres de a pie para ir contra el Gran Can y convienen en encontrarse en cierta llanura. Pero no pueden hacerlo tan secretamente que Cublai Kaán no se entere".

Y Marco Polo continúa con su narración: "Cuando el Gran Can sabe que Naián viene contra él con un ejército tan grande, no se consterna por ello, sino que, como hombre prudente y de gran valor, se prepara con su gente para tener el encuentro rápidamente como quien no tiene miedo de quienes le hacen mal y cuando sus hombres están reunidos, dice que no quiere volver a llevar la corona ni mantener su tierra si no da mala muerte a aquellos traidores y desleales.

"Y sepan que el Gran Can hace todos sus preparativos en veintidós días tan secretamente que nadie sabe nada, salvo los de su consejo. Porque sin demora hace colocar guardas en todos los pasos que llevan a los países de Naián y Caidú, a fin de que no sepan lo que pretende hacer; inmediatamente ordena que los hombres que habitan en los alrededores de Cambaluc, en un radio de diez jornadas, se reúnan a toda prisa.

"De este modo reúne trescientos sesenta mil hombres de a caballo y cien mil de a pie y si sólo lleva esas pocas personas (sic), es porque allí están todas las tropas que tiene junto a sí y quiere atacar al enemigo repentinamente y de improviso. El resto de sus ejércitos, que son doce, guardan constantemente las provincias del Catai y son diez veces más numerosos, pero han sido enviados demasiado lejos para conquistar tierras y ciudades y dispersados por orden suya en tantos sentidos que no los puede tener dispuestos en tiempo y lugar, (ya que) hubieran sido precisos treinta o cuarenta días y la preparación se hubiera salido.

"... Y cuando el Gran Can ha preparado esta poca gente, hace que sus astrólogos investiguen si vencerá a sus enemigos y si llegará a buen término, o bien, perderá la batalla. Y estos, considerando según su arte, responden *Señor, te traemos una buena nueva y en nombre de los dioses prometemos que harás con tus enemigos lo que quieras*. Porque el Gran Can hace esta adivinación para alentar a su ejército.

"...Cuando el alba del día de la batalla viene, aparece el Gran Can con todo su ejército sobre un cerro que domina la llanura. Allí está Naián en su tienda y todos con gran tranquilidad (haciendo el amor con su esposa), dispersados sin armas en la llanura, como gente que por nada del mundo creerán que el Gran Can ni gente alguna irá contra ellos para hacerles daño. Por eso están con tanta tranquilidad y no hacen vigilar su campo ni tienen centinelas ni delante ni detrás y esto se debe también a que el Gran Can necesita treinta jornadas y él sólo ha tardado veinte con todo su ejército, debido al gran deseo que tiene de encontrarlo.

"¿Qué puedo decir? El Gran Can está sobre el cerro de que les he hablado, en una gran muralla almenada de madera llena de arqueros y de ballesteros, portada por cuatro elefantes cubiertos de cuero cocido muy duro y por encima hay telas de seda y oro. Lleva en la cima su enseña real con las figuras del sol y de la luna a tanta altura que desde muy lejos y de todas partes se les puede ver. Su gente está dispuesta según su costumbre, en doce divisiones de treinta mil hombres y rodean el campamento de Naián en un momento.

"Y con cada hombre de a caballo de los primeros escuadrones, hay un hombre de a pie detrás de la grupa del caballo, con una lanza en la mano y de la manera que has escuchado, se estiran alrededor del campamento de Naián, va el Gran Can con su gente agrupadas en escuadrones y los campos están cubiertos por ellos.

"Y cuando, despertado a toda prisa por sus servidores e informado de que Cublai está allí, Naián y sus hombres ven al Gran Can con su gente completamente preparada alrededor de todo su campamento, quedan estupefactos. Corren a las armas, se forma de inmediato en escuadrones y cuando los dos partidos están en tal lugar que no tienen más que golpearse, entonces se puede ver, oír y sonar, a muchos instrumentos que resuenan y muchos caramillos (jaleos) y a todos los hombres cantando a plena voz, con lo que el aire parece estremecerse, porque sepan que los usos de los tártaros son esos.

"Cuando están dispuestos en batalla, no se lanzan al combate en tanto que los tambores baten; son los de su capitán y mientras los tambores no han batido, los soldados hacen sonar sus instrumentos y cantan y por eso son tan grandes de ambas partes la música y el canto.

"... Los dos partidos se lanzan uno sobre otro con sus arcos y sus espadas y sus mazas e incluso con sus lanzas, pero la mayor parte de los hombres de a pie del Gran Can tienen ballestas y bastantes otras armas de asalto... Entonces comienza una pelea feroz y muy cruel. Pueden verse volar flechas en tan gran número que se hace gran oscuridad y el cielo no es ya visible; porque el aire está completamente lleno de ellas, como si fuera lluvia.

" Se pueden ver a muchos hombres a caballo y a caballo caer muertos en tierra hasta que el suelo está totalmente cubierto por ellos y es tan grande el griterío y la barahúnda que no se hubiera podido escuchar a Dios tronar. Cuando disparan sus flechas se atacan de más cerca con lanzas, espadas y mazas guarnecidas de hierro y la gran multitud de hombres y sobre todo de caballos, que yacen unos sobre otros, es tal, que un partido no puede franquearlos para alcanzar al otro; porque la batalla es muy áspera y encarnizada y nadie perdona a nadie y sepan que Naián es cristiano bautizado y que en esta batalla tiene la cruz de Cristo sobre su enseña.

"¿Por qué alargar el relato? Tengan por cierto que es la más peligrosa y dudosa que jamás se ha visto y en nuestro tiempo nunca ha habido tanta gente reunida en un campo de batalla y sobre todo, hombres a caballo; porque en total son más de setecientos mil sin contar los infantes, que también son muchos. Mueren tantos hombres de los dos bandos que es maravilla. Debido a la igualdad de fuerzas, la Fortuna está un momento en duda; esta pelea dura desde la mañana hasta el mediodía, pero por fin, el Gran Can consigue la victoria.

"Cuando Naián y sus hombres ven que no pueden ya resistir, se ponen en fuga, como están completamente rodeados, no les sirve de nada, porque los tártaros los siguen matándolos y haciéndoles daño, tanto que Naián es apresado y todos sus barones y sus hombres, entre los que hay muchos cristianos, se rinden con sus armas al Gran Can.

"Y cuando el Gran Can sabe que Naián está prisionero, se siente muy feliz y manda que sea ejecutado inmediatamente, no queriendo verlo siquiera por temor a apiadarse de él, porque es de su carne y de su sangre, por eso es matado de la forma que voy a decir. Es envuelto muy prieto y atado en un tapiz y es sacudido y arrastrado en todos los sentidos hasta que muere y lo dejan dentro. Así acaba Naián su vida y si lo hacen morir de esa manera es porque los tártaros no quieren que la sangre del linaje del emperador se derrame en tierra, ni que vayan sus lamentos al aire, ni que el sol ni el aire lo vean, ni que los miembros de Naián puedan ser tocados por ningún animal".

El gran Kan defiente a los cristianos

Dentro de los enormes dominios que tenía Naián y gracias a su conversión al cristianismo, sus terriotorios están habitados en su mayoría, por chinos y mongoles y en una proporción muy baja, por sarracenos, idólatras, judíos y cristianos. Después de la batalla en que Naián pierde la vida, se burlan de la fe cristiana y de cómo ni la cruz ni Jesús protegieron al emperador rebelde, diciéndoles:

—¡Ya ven cómo la cruz de su dios ha ayudado a Naián, quien era cristiano!

Y como el barullo y las burlas son cada vez más insultantes, los cristianos llegan ante el Kublai Kan para quejarse por estos insultos a su fe y religión, por lo que el Gran Kan manda llamar a sarracenos, judíos y cristianos, principalmente, para llamarles la atención severamente a los primeros y reconfortar a los últimos y les habla con voz fuerte para que todos los involucrados en este conflicto de fe lo escuchen.

—Si la cruz de su Dios no ha ayudado a Naián, muy bien hecho, porque es buena y no debe hacer nada que no sea bueno y justo. Naián, quien iba contra su señor, era traidor y felón y por eso le ha ocurrido esta gran justicia; la cruz de vuestro Dios ha hecho muy bien en no ayudarle contra derecho, porque es buena y no debe hacer más que el bien.

Y con estas palabras, todos reconocen la gran verdad que encierran y en adelante, tanto sarracenos como judíos cuidan de no insultar no sólo al Dios cristiano sino a ningún otro.

Esto lo deja perfectamente bien asentado Marco Polo en su libro, porque, como él y sus familiares son cristianos católicos, no quiere dejar de resaltar la enorme tolerancia religiosa el Gran Kan y de cómo respeta a todos los dioses que manifiestan las distintas creencias a las que él tiene acceso y conocimiento.

Tan es así, que cuando Marco Polo pregunta a Kublai Kan por qué no se ha convertido al cristianismo, contesta: "¿Por qué quieres que me haga cristiano? Ya ves que los cristianos de estos países son tan ignorantes que no hacen nada ni tienen ningún poder.

"También ves que estos idólatras hacen lo que quieren y cuando estoy sentado ante mi mesa, las copas que hay en medio de la sala me llegan llenas de vino, de bebida o de otra cosa sin que nadie las toque y yo bebo. Obligan a las tempestades a ir en el sentido que quieren y hacen muchas cosas maravillosas; como sabes, sus ídolos hablan y predicen todo cuanto ellos desean. Y si me convierto a la fe de cristo y me hago cristiano, mis barones y demás gente que no creen en él me dirán: *¿Por qué razón te has hecho bautizar? ¿Por qué escoger la fe de Cristo? ¿Qué poderes o qué milagros has visto de su parte?*"

"No sabría qué responderles y habría gran confusión entre ellos y los idólatras que hacen todo lo que quieren con sus artes y ciencias; serían muy capaces de hacerme morir. Existen cuatro profetas que son adorados y a quien todos rinden homenaje. Los cristianos dicen que su Dios es Jesucristo; los sarracenos que Mahoma; los judíos que Moisés y los idólatras que Sagamoni Burcán (Buda) que fue el primer dios de los ídolos. Yo honro y reverencio a los cuatro, porque uno de ellos es el más grande en el cielo y el más verdadero y le pido que me asista".

Por supuesto, Marco Polo tiene la firme creencia de que el Dios verdadero que asiste al Gran Kan es Jesús, pero no puede manifestarlo libremente por las razones arribas asentadas.

Pero lo realmente cierto es que Kublai Kan tiene una marcada preferencia por el budismo y por una variedad de este, casi desconocida en China, la de los lamas tibetanos, siendo el mismo Marco Polo quien lo marca en sus escritos, al comentar cómo Kublai se rodea de monjes procedentes del Tíbet y Cachemira, una región al norte de la India que por ese tiempo es un gran centro budista. Marco se asombra por sus grandes poderes mágicos, mismos que atribuye a la participación del demonio.

El budismo tibetano está colmado de prácticas mágicas que dejan impresionado hondamente a Marco, quien comenta: "Dudo que haya en toda la tierra brujos más poderosos" agregando que son capaces de alejar tempestades del palacio del Kan, aunque los ve sucios porque nunca se lavan ni peinan, acusándolos, incluso, de prácticas de antropofagia.

Sin embargo, otros monjes tienen el efecto contrario en Marco Polo, aunque sean de los llamados idólatras, ya que dice que: "Se visten con mayor honestidad que los demás hombres de su raza y llevan la cabeza y barba rasuradas, con más cuidado que los laicos". Lo que más llama la atención del veneciano, es que varios de estos monjes son capaces de llevar a cabo prodigios como el hacer que las copas llenas de vino vuelen por sí solas, desde una mesa alejada hasta la que está frente al Gran Kan y esto sucede cada vez que el monarca desea beber, a esto se refiere líneas arriba Kublai cuando habla de estos hechos de levitación.

¿Para qué sirve el papel moneda?

El uso de papel moneda corriente que el Gran Kan utiliza en todo su reino, parece no ser comprendido por Marco Polo, a pesar de ser un comerciante y viajero consumado y de manejar las letras de cambio tan populares en la Europa de los siglos XI, XII y XIII y lo peor es que cree que se debe a la labor de los alquimistas y a la fabricación del oro a partir de otros metales.

Explica Marco que el Gran Kan manda fabricar una enorme cantidad de moneda que puede pagar todos los tesoros del mundo sin que nada le cueste, ya que su moneda consiste simplemente en una hojas de papel fabricado con corteza de morera en las que se imprime un sello real, estos billetes son de curso obligatorio, no pudiéndose utilizar otra moneda en las tierras de Kublai y su falsificación está castigada con la muerte del falsificador y de sus descendientes hasta la tercera generación, este papel moneda quita un enorme peso a los viajeros porque les facilita el transporte.

Y si Marco Polo no entiende el uso común del papel moneda, menos entenderá cómo el exceso de emisión de estos causa la depreciación del valor de los billetes, por lo tanto, se produce un fenómeno muy conocido durante todo el siglo XX e inicio del XXI, la inflación, por lo que, en 1287, Kublai tiene que circular una nueva emisión de billetes dando valor de cinco billetes viejos por uno nuevo.

Las mujeres del gran Kan

Marco Polo nunca oculta la enorme admiración que siente hacia el Gran Kublai Kan y menos cuando de describirlo se trata: "Es de hermosa talla, ni bajo ni alto sino de talla mediana. Su carne está bien repartida, ni demasiado gordo ni demasiado flaco; está muy bien constituido en todos sus miembros. Tiene el rostro blanco y bermejo como rosa, lo que le da un aspecto muy agradable; los ojos negros y hermosos, la nariz bien hecha y bien puesta.

"Hay cuatro mujeres a las que tiene por esposas verdaderas... Cada una de esta tiene una bellísima corte real en su propio palacio: ninguna tiene menos de trescientas doncellas escogidas por su gentileza y belleza. Tienen numerosos criados eunucos y muchos hombres y mujeres, tantos que cada una de estas damas tiene en su corte por lo menos diez mil personas. Y cada vez que él quiere acostarse con una de estas cuatro mujeres, la manda acudir a sus habitaciones, pero a veces él va a la habitación de su mujer.

"Tiene también muchas amigas y he de contarles de qué manera. Es cierto que existe una tribu de tártaros llamados Ungrat (Onggirat) que son personas muy bien conformadas y de piel bonita; allí, las mujeres son bellísimas y las realzan excelentes modales. Cada dos años se escogen cien doncellas, las más hermosas de la tribu y son llevadas al Gran Can.

"Los mensajeros que el Gran Can envía a esta provincia tienen por misión buscarle las muchachas más hermosas, según el género de hermosura que se les indica y lo aprecian de la siguiente forma: los mensajeros hacen presentarse ante sí a todas las doncellas de la provincia y hay jueces diputados para esto, los cuales, viendo y considerando por separado todas las partes del cuerpo de cada una, cabellos, rostro, pestañas, boca, labios y miembros para que sean armoniosos y proporcionados al cuerpo, evalúan a las bellas con 16 quilates, a otras con 17, 18, 20 y más o menos según que sean más o menos bellas.

"Si el Gran Can les ha encargado escoger a las que valen veinte o veintiún quilates, ellos las eligen según la cifra fijada y cuando llegan a su presencia, las hace evaluar de nuevo por otros jueces y del conjunto escoge para su cámara a las treinta o cuarenta que han obtenido más quilates. Luego las hace guardar por ancianas damas del palacio, cada una por una esposa de barón, que se toman muchos cuidados para vigilarlas y hacen que se acuesten con ellas en una cama para saber si tienen buen aliento, si son limpias y si duermen silenciosamente sin roncar y si no tienen mal olor por ninguna parte y para saber si son doncellas y bien sanas en todo.

"Cuando las han examinado bien, las que son buenas, bellas y sanas en todas partes son puestas a servir al Señor de la forma que voy a decir. Cada tres días y tres noches, seis de estas doncellas son enviadas a prestar sus servicios al Señor cuando se va a dormir y cuando se levanta, tanto en su cámara como en su lecho y para todo lo que desea y el Gran Can hace con ellas lo que quiere. Al cabo de estos tres días y tres noches van otra seis doncellas para sustituir a las primeras, que se marchan. Así ocurre durante todo el año, siendo cambiadas las tres doncellas cada tres días y tres noches hasta que se cumple el número de cien y entonces vuelven a empezar.

"... En cuanto a las otras (damas) que han obtenido una cifra menor de quilates, se quedan en palacio con las otras mujeres del señor, quienes les enseñan a coser, cortar guantes y a hacer otros trabajos nobles. Y cuando un gentilhombre busca esposa, el Gran Can le da una con una gran dote y así le encuentra a todas un marido bien situado.

"Pero puede decirse: ¿no se quejan los hombres de esa provincia de que el Gran Can les quite sus hijas? Desde luego que no, es más, ven en ello un gran favor y honor y están muy contentos de tener hijas hermosas que él se digne aceptar, porque dicen.

—Si mi hija ha nacido bajo un buen planeta y dotada de buena fortuna, el Señor podrá colmarla más y casarla noblemente, cosa que yo no puedo hacer a satisfacción".

Hay que tomar en cuenta que resulta imposible separar la vida de Marco Polo durante su estancia y bajo las órdenes de Kublai Kan, ya que las descripciones que el veneciano hace del monarca mongol, lo hace un testigo presencial de mucha valía pero lo ubica siempre en un lugar oscuro o nulo dentro de sus mismas narraciones, llenándose de vergüenza cuando hace alguna referencia hacia su persona, por lo tanto, solamente es posible conocer al europeo a través de lo que observa, escucha y platica en sus obras escritas y en este caso, su admiración por la abundancia de hermosas mujeres de las que disfruta Kublai Kan y hasta con un poco (o tal vez mucho) de envidia.

Recorrido por Catay

El origen del nombre de Catay o Catai, se encuentra en los *khitán*, que entre 907 y 1122 han formado un imperio, el de los Kin, al norte de China. Catay es utilizado en la Edad Media europea para designar a China; aún hoy se utiliza en Rusia el término *khitán* para designarla.

Esto viene a colación porque Marco Polo viaja mucho por estas tierras, describiendo todas las ciudades que visita en su libro. Estas se agrupan en dos itinerarios que parten de Pekín (Beijing), uno, en dirección suroeste rumbo a Birmania y otro en dirección sureste hacia la región costera de Mangi.

El veneciano vive durante un buen lapso en Pekín, que es la capital del Gran Kan, una ciudad rodeada de muros muy gruesos de tierra blanqueados con cal en los que se abren doce puertas; todas las calles se cruzan en ángulo recto y las principales, las que comunican entre sí las puertas de la muralla.

Marco Polo está sorprendido cuando visita por primera vez esta ciudad, por la gran cantidad de mercaderes y extranjeros que llegan cada día a Pekín, consecuentemente, hay en este sitio más de veinte mil cortesanos, por esta cantidad, el gobierno obliga a los extranjeros a residir más allá de los muros y reglamentando estricta y escrupulosamente su actividad, al cobrarles un impuesto en especie consistente en la obligación de prestar un servicio gratuito a todos los miembros de las embajadas que acuden ante el Gran Kan.

Las tierras de Catay destacan por ser la cuna de la civilización china y es en el siglo XIII cuando alcanza su máximo esplendor en Mangi, durante el imperio Song y que los mongoles han conquistado cuando Marco Polo llega hasta allá. El veneciano empieza un viaje desde Pekín siguiendo el trazado del gran Canal, construcción iniciada muchos siglos antes y terminada bajo el reinado de Kublai Kan, mismo que tiene una longitud de 1,500 kilómetros y que une la nueva capital con las ricas regiones costeras del valle del río Yangzi, eje comercial de la China del sur, con un recorrido navegable de 3,000 kilómetros.

Para Marco Polo, todo es una belleza y no deja de asombrarse cuando afirma que "Van y vienen a lo largo de su curso más navíos y embarcaciones, todos ellos cargados con muchos objetos preciosos y de gran valor, que los surcan todos los ríos y mares de los cristianos".

Por su densa población y prosperidad económica, ya que de ella se obtienen tres cosechas cada dos años, alternando las de trigo con las de mijo. Marco Polo menciona regiones de campos fértiles, abundante arboleda y hermosos jardines, destacando las moreras, utilizadas para la cría de gusanos de seda, las cuales dan una hermosa pincelada de color verde al paisaje.

Una de las actividades que más llama la atención de Marco, es que la mayoría de la gente de Catay bebe vino hecho de arroz y otras especias y lo hacen con tal sabor que el europeo se atreve a decir que es mucho más sabroso que el que se elabora de la vid, él dice que: "Es claro y chispeante, oloroso, de hermosa apariencia y emborracha a un hombre mucho antes que cualquier otro vino porque es muy cálido y azucarado".

Piedras que se queman como leños

Esta es una descripción que hace Marco Polo de lo que el llama una clase de piedras que se queman como leños, desconocidas en Occidente en esta época y que los chinos han utilizado desde hace dos mil años. "Tengan por cierto que en toda la provincia de Catay, hay una clase de piedras negras que se extraen de las montañas y que arden haciendo llamas como leños; se consumen completamente como el carbón de madera.

"Mantienen el fuego y producen la cocción mejor que la madera. Y digo incluso que si hacen fuego por la noche y lo hacen prender bien, mantienen tan bien el fuego toda la noche que se le encuentra por la mañana. No obstante, estas piedras no hacen gran llama, salvo un poco al principio, cuando las encienden y lo mismo que el carbón de madera, luego se quedan al rojo vivo y dan gran calor.

"Y sepan que se queman piedras de estas en toda la provincia de Catai, aunque en verdad tienen madera en abundancia para hacer leños; pero es tanta la multitud de personas (sic), de estufas y de baños públicos que continuamente se calientan que no bastaría la leña, porque no hay persona que no vaya a la estufa ni se bañe por lo menos tres veces a la semana y en invierno todos los días si se puede.

"Y cualquier noble o ricohombre tiene su propia estufa en la casa, donde se lava y no tendría leña para tantos hogares si no hubieran estas piedras en tan grande cantidad; las queman, entonces, en masa porque sirven mejor y cuestan menos que la madera, que ahorran mucho. No las utilizan para construir casas e incluso no tienen más empleo que el fuego".

Y estas piedras que arden mucho tiempo, no son otra cosa que carbón mineral, desconocido totalmente en Europa y es por esto que causa tanto asombro en Marco Polo, el pensar que una piedras comunes puedan producir tanto calor y por mucho tiempo.

Cómo hacen la prueba de virginidad

En verdad que causa irritación y curiosidad como en esta época en la que Marco Polo continúa haciendo su recorrido por China, descubre en la provincia de Catay la forma en que son tratadas las mujeres en edad de matrimonio, para comprobar si son vírgenes o han sido "deshonradas" y ya no están aptas para casarse.

"Deben saber también que las muchachas de la provincia de Catai son puras y observan la virtud de la modestia más que cualquiera otra. No bailan, ni danzan, ni hacen calaveradas, ni se enfurecen, ni se están pegadas a la ventana para mirar a los que pasan o para mostrarles su propio rostro, no prestan oído a palabras inconvenientes y no frecuentan las fiestas y reuniones alegres.

"Y si ocurre que van a algún lugar decente, como a los templos de los ídolos, o de visita a casa de sus parientes o aliados, van allí acompañadas de su madre, sin mirar imprudentemente a la gente; suelen llevar en la cabeza unos lindos bonetes, que les impiden mirar en derredor, de suerte que cuando caminan dirigen siempre los ojos hacia el camino delante de sus pies.

"Ante sus ancianos, son reservadas; jamás dicen palabras insensatas ni e cualquier otro tipo en su presencia, salvo cuando les preguntan. En su cuarto están las labores y raramente se muestran a los padres, a los hermanos y a los ancianos de la casa. No prestan ninguna atención a los pretendientes.

"Y si alguien desea dar hija en matrimonio, o si es pedida por alguien para sí mismo, al futuro le ofrece su hija como virgen y sobre este punto acuerdan entre sí por obligación y contrato; porque si se constata lo contrario, el matrimonio no tendrá lugar. Cuando los contratos y los acuerdos han sido debidamente hechos entre ellos y confirmados, la hija es llevada a los baños o estufas para probar su doncellez; allí están la madre y las parientes de la joven y las del futuro esposo.

"Por cuenta de cada una de las parientes, varias matronas especialmente encargadas de este oficio, examinan primero la virginidad de la joven con un huevo de paloma. Si las mujeres que representan al esposo no están satisfechas con esta prueba, dado que las partes naturales de una mujer pueden ser perfectamente contraídas por medios medicinales, una de las matronas introduce sabiamente un dedo, envuelto en lino blanco y fino, en las partes naturales y rompe un poco la vena virginal (himen), a fin de que el lino se coloree un poco de sangre virginal. Porque esa sangre es de tal naturaleza y fuerza que su color no puede ser quitado por ningún lavado del tejido al que se ha fijado. Si se va, es señal de que ha sido deshonrada y que esa sangre no es de una dama pura.

"Una vez hecha así la prueba, si la hija es encontrada doncella, el matrimonio es válido, si no, no lo es y el padre de la hija es castigado por el gobierno debido al acuerdo tomado. Y deben saber que para proteger la doncellez, las muchachas caminan siempre tan suavemente que jamás ponen un pie delante del otro más de un dedo, porque las partes íntimas de una doncella se abren con frecuencia si anda demasiado libremente. Todo esto se refiere a la gente originaria de la provincia de Catai, porque los tátaros no se preocupan para nada de esta clase de convención; sus hijas cabalgan con ellos y sus esposas, de donde puede inferirse que en cierto terreno sufren algún daño.

"Del mismo modo, podemos decir de los muchachos y jóvenes gentileshombres que jamás tienen la presunción de hablar delante de sus ancianos a menos de ser preguntados. Tan grande es el pudor entre ellos, sobre todo entre parientes y aliados, que dos de ellos no se atreverán a ir juntos a los baños o a las estufas".

En verdad que tras estas descripciones hechas por Marco Polo los lectores de su época y los posteriores, también nos asombramos como el veneciano, porque muchas de estas costumbres aún se practican en China y otros países del mundo, en donde incluso, a las niñas le es extirpado el clítoris para que nunca sientan el placer sexual y evitar así que engañen a sus maridos por sus "deseos incontrolados por las relaciones sexuales". Así estaba el mundo en la época de Marco Polo y así lo está ahora, al inicio del siglo XXI.

Incluso, el mismo veneciano se alegra por estas costumbres raras y extrañas, ya que así, critica la actitud "inmoral" de las mujeres venecianas en particular y las europeas en general, que no se parecen en nada a las "virtuosas" de la China del siglo XIII, aunque posteriormente, el veneciano admitirá su admiración por la poligamia de las cortesanas chinas, esto tiene como consecuencia que se descubra la doble moral del europeo, clásica y tradicional de los de su continente, ya que desde hace cientos de años, los europeos son muy estrictos con la castidad de sus mujeres pero sumamente liberales, por no llamar libertinos con los componentes masculinos.

Y en cuanto a la comparación que hace Marco Polo con las mujeres tártaras, no deja de sorprender que los clasificados como bárbaros tártaros, sean más liberales y menos estrictos con la virginidad de sus mujeres que los llamados civilizados chinos y europeos, una contradicción más en las definiciones históricas.

El enfoque del veneciano, sobre todo en esta provincia de Catay es destacado porque representa la forma de vida de muchas provincias de la China antigua, de sus costumbres, ideas religiosas, como lo que a continuación comenta Marco en otra de sus observaciones que le causan admiración.

"En Catai se hace otra cosa que deben conocer; entre los idólatras hay ochenta y cuatro ídolos, cada uno de los cuales tiene su nombre y los idólatras dicen que el dios supremo ha dado a cada uno un poder particular y sobre todo a uno el de hacer encontrar los objetos perdidos, a otro, el de asegurar la fertilidad de las tierras y darles el tiempo que les conviene, a otro el de proteger los rebaños y así sucesivamente para cada cosa, tanto en la prosperidad como en la adversidad y cada ídolo es llamado por su nombre y saben y les dicen la función y poder del ídolo que quieran.

"En cuanto a los ídolos a los que corresponde hacer encontrar las cosas perdidas, los presentan bajo la forma de dos pequeñas estatuas de madera que se parecen a muchachos de una docena de años y los decoran con soberbios adornos. En su templo permanece continuamente una mujer anciana como su sacristán, si alguien ha perdido algo o se lo han robado, o no sabe encontrarlo, va a preguntar, o envía a preguntar a esta mujer que interrogue a los ídolos y él lo hace, cuando los han incensado, la anciana les pregunta sobre la cosa perdida y ellos le responden sobre ella como deben.

"Entonces la anciana dice al que ha perdido la cosa.

—Mira en tal lugar y la encontrarás.

Si alguien se la ha quitado, le dice.

—Fulano la tiene; dile que te la devuelva y si te la niega, vuelve a verme; desde luego que haré que te la restituya, porque si no, haré que se corte una mano o un pie o que se caiga y se rompa una pierna o un brazo, o que le ocurra algún otro accidente, de forma que se vea obligado a devolvértela.

"Y por experiencia se comprueba que si una persona ha robado algo a alguien y después de la orden que la ha sido dada lo niega y no quiere devolverlo, si es una mujer, mientras está en alguna tarea de cocina con un cuchillo, o haciendo alguna otra cosa, se corta la mano, o se cae al fuego o le ocurre alguna otra desgracia; si es hombre, se corta el pie de la misma manera mientras está cortando leña y se rompe los brazos y las piernas o cualquier otro miembro y como la gente sabe ahora por experiencia que esto le ocurre porque niega su latrocinio, devuelven inmediatamente lo que han robado.

"Si los ídolo no responden inmediatamente, entonces la anciana dice.

—Los espíritus no están aquí. Vete y vuelve a tal hora, porque entretanto vendrán y los interrogaré.

El hombre vuelve entonces a la hora fijada y los espíritus le han dado en el intervalo a la anciana la respuesta: esta la hacen cuchicheando con una especie de voz débil y baja parecida a un silbido, entonces, la anciana se lo agradece de la siguiente forma: alza las manos ante ellos, rechina los dientes tres veces diciendo algo así como:

—¡Oh cosa digna, santa y virtuosa!

Y dirá al que ha perdido caballos.

—Vete a tal lugar y los encontrarás.

O bien.

—Los han encontrado ladrones en tal lugar y en este momento se los llevan en tal dirección; corre y los encontrarás.

"Y los encuentra exactamente como ella le ha dicho. De esta manera nada se pierde que no pueda ser encontrado. Cuando se encuentran las cosas perdidas, entonces la gente devota y respetuosamente, ofrece a los ídolos quizá una vara de tela fina como cendal (velo) de seda, o dorada. Y yo, Marco, encontré de esta forma cierto anillo que había perdido, pero no piensen que les hice ofrenda u homenaje".

Y hace está aclaración para no ser acusado de idólatra, hereje y traidor a la religión cristiana católica que profesa Marco Polo, a pesar de haber tenido buenos resultados con los ídolos a los que acude para encontrar su preciada joya.

Pero Marco está desconcertado, ya que cree que los chinos están preocupados únicamente por cuestiones terrenales, ignorando que tanto las dinastías autóctonas como las posteriores, incluida la mongol, por supuesto, son totalmente tolerantes respecto a todos los cultos, los cuales frecuentemente reciben apoyo estatal, por lo que comenta el veneciano.

"(Los chinos) no tienen ni conciencia ni preocupación alguna de su alma, sino que sólo se ocupan de nutrir sus cuerpos y procurarse placeres. En cuanto al espíritu, piensan que es inmortal; mas creen que cuando un hombre muere, su alma penetra de inmediato en otro cuerpo y según su comportamiento en esta vida, van de lo bueno a lo mejor o de mal en peor, según los casos".

Y esta es una verdadera preocupación del europeo, aunque no se ha adentrado en la parte espiritual y religiosa de muchas de las comunidades que visita. De ahí su desconcierto por lo que califica de "materialismo" olvidándose de la pureza del alma y del espíritu.

Hangzhou, ciudad hermana de Catay

Al sur de Yangzi se encuentra Hangzhou, última capital de los Song, a la que Marco llama Quinsai, que significa *Ciudad del Cielo* y siguiendo su costumbre de comparar ciudades europeas con las chinas, ganando siempre estas últimas, Hangzhou supera a todas, por lo que le dedica un gran espacio en su libro, mucho más que cuando describe otras capitales: "Es esta la mayor ciudad del mundo y en ella es posible gozar de tantos placeres y tan inacabables, que quien allí hace su entrada acaba por creer que se encuentra en el Paraíso", asienta el veneciano.

En esta ciudad, de aproximadamente 20 kilómetros cuadrados y de más de medio millón de habitantes (según el veneciano) con una estructura y ambiente muy modernos y con alta seguridad, Marco Polo recorre estas hermosas calles de Hanzhou y la vía imperial, de sesenta metros de ancho y cinco kilómetros de longitud que la atraviesa de norte a sur pavimentada como la demás calles, con losas de piedras talladas, destacando su exagerada limpieza y un excelente encauce del agua pluvial.

A ambos lados de la avenida se encuentran los mejores comercios, mismos que ofrecen variados artículos de lujo, siendo el centro de los objetos traídos de todo el país o importados de los mares del sur, India o de algunos países musulmanes, recordando con estos detalles, las principales avenidas de ciudades cosmopolitas de la actualidad como las de Londres, París o Nueva York.

Pero también sirven para comprar las vituallas del día, por lo cual llegan a reunirse entre 40,000 a 50,000 personas para llevar a cabo estas actividades, adquiriendo víveres como cabritillos, ciervos, gamos, liebres, conejos, perdices, faisanes, francolines, codornices, aves de corral, capones, muchos patos y siendo una ciudad rodeada de mar, una enorme variedad de pescados y mariscos.

Llaman la atención de Marco Polo la gran cantidad de cortesanas (prostitutas o sexoservidoras) que inundan las calles y plazas gracias a las zonas de tolerancia para que ejerzan su profesión. También visita los cabaretes de moda, que son fácilmente reconocibles por su decorado brillante entre flores y árboles enanos o *bonsáis* y en donde se reúnen los hombres para tomar té o licor de arroz y entreteniéndose con la presencia de elegantes y hermosas cortesanas, mujeres expertas en las artes amatorias y sexuales y que según el veneciano: "dejan a los extranjeros como enajenados y tan prendados de su encanto y dulzura que jamás podrán olvidarlas", exactamente como le pasa a él.

Y está encantado de visitar estos lugares y por supuesto, de utilizar "sus servicios", tal y como el mismo Marco Polo lo describe: "Estas mujeres son muy hábiles y expertas en halagar y engatusar con palabras fáciles y adaptadas a cada tipo de persona, los extranjeros que han tenido una vez retozos con ellas quedan fuera de sí y están prendados de su dulzura y de su encanto que no pueden olvidarlas jamás. De ahí viene que, una vez que han estado en Quinsai, es decir, en la Ciudad del Cielo y no esperan más que la hora en que podrán volver".

En Hangzhou o Quinsai, Marco Polo es muy bien recibido por la alta sociedad despreciando a los pobres de la ciudad, ya que únicamente acepta invitaciones a las casas de los gobernantes o de la gente poderosa de este poblado, por lo que dice en ambos casos: "Los que son de baja condición no dejan de apreciar todo lo que podemos considerar como carnes inmundas, sin la menor vergüenza ni asco por su parte... Todos los habitantes de Hongzhou son muy benévolos y amables con los extranjeros que llega para comerciar y los reciben generosamente en sus propias casas, atendiéndolos y prestándoles cuanta ayuda y consejo necesitan en los negocios que hasta allí los hayan arrastrado".

Incluso, Marco está tan a gusto en Quinsai que cree que es el paraíso en la tierra y por esta razón la visita en dos ocasiones, ¡faltaba más! Pero esta apreciación nada objetiva, hace que el veneciano exagere en sus descripciones y llegue a decir que en la ciudad hay construidos doce mil puentes la mayoría de piedra y algunos más de madera, pero esto él lo justifica al comentar: "Que nadie se maraville de que hayan tantos puentes; porque les digo que esta ciudad está toda ella sobre el agua y también rodeada de agua, a fin de que la gente pueda ir por toda la ciudad y si hubiera menos no podría ir por tierra de un lugar a otro, sino sólo por barco.

"... La ciudad tiene doce clases de oficios que son considerados como más importantes, porque hay muchos otros. Cada uno de esos doce cuerpos tiene doce mil estaciones, es decir, doce mil casas y en cada casa o estación hay por lo menos diez hombres que ejercen el oficio, en unas quince, en otras veinte y en algunas cuarenta. Y no se entienda que son todos amos; son hombres que hacen lo que el maestro o el patrón les manda. Todo el mundo es aquí necesario; porque muchas otras ciudades de la provincia se abastecen de esta ciudad. Hay tantos mercaderes y tan ricos, que hacen un comercio tan grande que no hay hombre que pueda decir toda la verdad respecto a ellos; tan desmesurada es la cosa".

Luego entonces, deduciendo, esta es la ciudad más parecida a su adorada Venecia europea, por lo que no puede menos que sentirse muy a gusto y totalmente en casa en esta ciudad de Quinsai o Hangzhou

Primer europeo que escribe acerca del Tíbet

En una de sus muchas misiones que Marco Polo lleva a cabo por instrucciones de Kublai Kan y de la cual no especifica la fecha, el veneciano realiza un viaje de inspección a la región de Yunnan, al sur de China, ya en la frontera de Birmania.

Para poder controlar un imperio tan grande como el que ocupan los mongoles, es preciso mantener al ejército ocupado cuidando las ciudades más importantes, activo y fácilmente controlable, ya que el estar en un solo sitio y dedicado únicamente a las tareas de guerra, puede provocar deslealtades e intentos de llegar al poder por medio de traiciones y de las armas.

En el caso del europeo, su papel es más bien de ins-

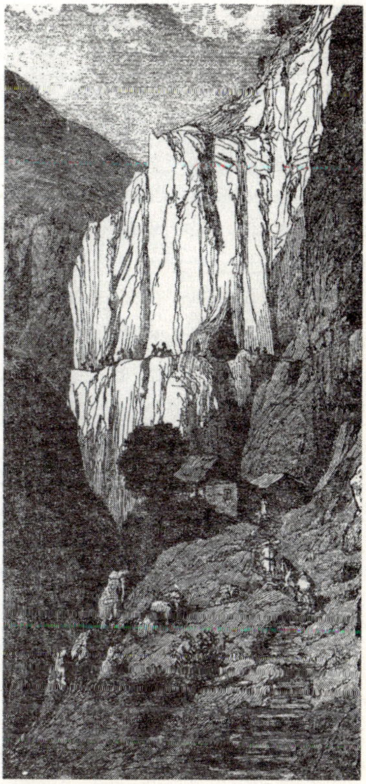

Este desfiladero que desciende al valle del río Yangzi, sólo es una muestra de las muchas dificultades que tiene Marco Polo para llegar al Tíbet, el grabado es de Francis Garnier.

pector, de una especie de visitador que llega a las ciudades y poblados para saber cuáles son sus necesidades, si hay progreso, si están en paz y tranquilidad o todo lo contrario y con base en un informe detallado, como los que acostumbra Marco, enterará al Gran Kan de estas condiciones de los pueblos para que sea él quien tome las medidas pertinentes en cada caso.

El viaje hasta la ciudad de Tali, en Yunnan, le lleva entre cuatro y seis meses, lo cual le permite a Marco Polo conocer y visitar otras regiones de China hasta llegar a la fértil y boyante capital Sicuani, una de las más ricas y famosas de Mangi, de gran actividad marina, gracias a que el río Yangzi es fácilmente navegable.

Pero Marco Polo no sigue la línea más corta entre Chengdu a Kunming, la capital de Yunnan oriental, sino que opta por desviarse hacia el oeste, pasando y admirando las hermosas y más altas montañas no sólo del país sino del mundo, como son, desde luego el Tíbet y la K-2, entre otras y aunque existe la constancia de que no se interna en este país y Marco logra escribir acerca de este hermoso sitio, siendo el primer europeo en hacerlo.

Él menciona esta región como Tebet y esta es la descripción que hace de la misma: "Es una grandísima provincia donde la gente tiene un lenguaje propio y son idólatras y confina con el Mangi y con muchas otras provincias. Son redomados ladrones (ya que no consideran pecado el robar o hacer daño a otros). La provincia es tan vasta que contiene ocho reinos y un número grandísimo de ciudades y de aldeas.

"Hay en muchos lugares ríos, lagos y montes donde se encuentran en gran cantidad granos de oro. Crece mucho jengibre y canela y en esta provincia, el coral sirve de dinero y es extremadamente caro, porque lo ponen al cuello de sus mujeres y de sus ídolos en las grandes fiestas y también digo que en esta provincia hay bastante camelote y otras telas de seda, de oro y de fustán. A ella llegan muchas especias que no se traen a nuestras tierras y que jamás hemos visto siquiera.

"Tienen los encantadores más hábiles y los mejores astrólogos que se pueda encontrar en todas las provincias a la redonda, porque consiguen los encantamientos más raros y las mayores maravillas de oír y de ver y todo mediante al arte diabólico que no debemos contar en nuestro libro porque la gente se sorprendería demasiado (¿autocensura?). Desencadenan tempestades y relámpago —¡con trueno!— cuando quieren o lo obligan a cesar y hacen maravillas infinitas. Son hombres perversos mal acostumbrados.

"Tienen los mastines más grandes del mundo, que son grandes como asnos y buenos para atrapar toda clase de animales salvajes, en especial los bueyes salvajes llamados *beyamini* (yak) que son grandísimos y muy feroces y abundantes. También tienen otras clases de perros de caza. Tienen montañas donde viven buenísimos halcones laneros, que son rapidísimos y cazan admirablemente".

Extraña costumbre tibetana

Los habitantes del Tíbet prefieren aislarse de cuanto extranjero se cruza por su camino, pero no así las mujeres de esta región y vaya que si causa sorpresa a Marco Polo una antigua y muy cordial costumbre: estando instalado en su tienda, junto con sus compañeros de viaje, ven llegar a treinta jóvenes mujeres, guiadas por algunas ancianas.

Uno de los guías explica a los sorprendidos viajeros que deben tener relaciones sexuales con las chicas tibetanas y ni tardos ni perezosos, tanto Marco como los demás viajeros se aprestan a "cumplir" con este antiguo rito. Una vez terminada la actividad sexual, los viajeros enviados del Gran Kan reciben la "mala noticia" de que no pueden quedarse con ninguna de las jóvenes y que, al contrario, tienen que despedirlas con buenos regalos como agradecimiento, mismos que pueden ser joyas, anillos, medallas y cualquier otro de gran valor.

Marco es enterado de que las jóvenes tibetanas, antes de casarse, deben tener contacto sexual con cuanto extraño encuentren en su camino, ya que esta costumbre las hace muy atractivas a los ojos de sus futuros esposos y una vez casadas, son totalmente fieles a sus parejas, quienes las respetan totalmente, incluso, el veneciano, asombrado de esta "noble costumbre", comenta: "¿No les parece que harían bien nuestros jóvenes de dieciséis a veinticuatro años, en darse una vuelta por estas tierras?"

Más costumbres "raras" en Gaindú

Pero esa no es la única tradición "rara" para el europeo que vive en el Tíbet, también le ocurren otras vivencias que para él son difíciles de aceptar y asimilar, como cuando llega al poblado de Gaindú, que según Marco, está al Poniente de China y que en la actualidad se llama Szechwán, teniendo por capital a Xichang.

Esta es la descripción e impresión de Marco Polo de esta provincia china: "Gaindú no tiene más que un rey y por el término de Poniente no entiendan que estas regiones sean parte de los países del Poniente. Como dejamos las que están entre Levante y Viento Negro, al volver hacia la puesta del Sol las llamamos Países del Poniente.

"Las personas de esta provincia son todas idólatras y pertenecen al Gran Señor (Kublai Kan). Se encuentran bastantes ciudades y poblaciones y la ciudad principal se llama también Gaindú. Existe un lago en el que hay muchas perlas, muy blancas, pero no redondas: forman como nudos porque cuatro, cinco o seis parecen estar en una sola, pero el Gran Can no quiere que las saquen, porque si todos los que las quieren tomaran las que desean, su valor se envilecería (devaluaría) y ya no valdrían nada, pero les aseguro que cuando él, el Gran señor, las quiere, hace sacar algunas para él solamente, para su placer, ningún otro podría tomarlas sin pagarlas con su vida.

También les aseguro que hay una montaña donde se encuentran una especie de piedras que se llaman turquesas, que son bellísimas y las hay en grandes cantidades, pero tampoco el Gran Señor permite que las tomen sin una orden suya.

"También les digo que en esta provincia reina una costumbre relativa a sus mujeres, que es como voy a decirles. No consideran villanía que un extranjero, o cualquier otro hombre que llegue, los deshonre a capricho con sus mujeres o sus hijas o sus hermanas o cualquiera otra mujer que pueda haber en la casa. Consideran un gran bien que se acuesten con ellas diciendo que, por eso, su dios y sus ídolos estarán mejor dispuestos hacia ellos y les darán bienes temporales de gran abundancia.

"Por eso hacen tan gran largueza de sus mujeres a los extranjeros, porque sepan que cuando un hombre de estos países ve que un extranjero va a su casa para alojarse en ella, o bien, no para alojarse sino que de cualquier forma quiere entrar, se muestra feliz y contento de acogerlo. Luego se va sin tardar y ordena a su mujer cumplir escrupulosamente todo lo que el extranjero quiera y entonces, luego sigue el camino de sus campos o sus viñedos y no regresa mientras el extranjero permanezca en su casa.

"Y les digo que, muchas veces, este permanece tres o cuatro días, revolcándose en la cama con la mujer de ese pánfilo (tranquilo). Cuando el amo de la casa se ha marchado, el extranjero hace la siguiente señal para mostrar que él está adentro: hace colgar su sombrero, o cualquier otro objeto en la ventana o ante la puerta del patio, lo cual significa que está dentro. Mientras ve esta señal en su casa, el pánfilo no se atreve a volver, por miedo a perturbar sus goces, porque cualquier mujer, esposa, hijas, hermanas y toda la banda, se entregan con corazón alegre, con la idea de que, por los beneficios que se colman al extranjero, sus dioses y sus ídolos les otorgarán más rebaños y frutos de la tierra.

"Cuando el extranjero se marcha, vuelve el amo y encuentra a toda la gente de su casa entusiasmada y esperanzada; se divierte en hacer que le cuenten todos los retozos que ellas han tenido con el extránjero y todos a una dan gracias a sus dioses. Eso es lo que hacen en toda la provincia de Gaindú y no ven en ello vergüenza. El Gran Can les prohibió esta costumbre pero no cesan de practicarla, ya que todos son partidarios de seguir con ella y nadie acusaría a su vecino.

"Algunos tienen su aldea en ásperas regiones de montaña, pero cerca de las rutas y ofrecen sus lindas mujeres a los que pasan. Estos, que son mercaderes, dan a la mujer un cabo de alguna tela mala, quizá media vara, o cualquier otro objeto de escaso valor, tras haber hecho su capricho, el mercader monta en su caballo y se aleja y el hombre y la mujer gritan por burla tras él:

—¿A dónde vas? Muestra un poco de lo que llevas de nuestra casa. ¡Eh!, desdichado, haz ver lo que nos has ganado! Mira lo que has olvidado tú en nuestra casa.

Y muestran el retal que de él han recibido.

—Nosotros tenemos esto que es tuyo, imbécil y tú no tienes nada de nada.

Así es como se burlan de él y esa es la costumbre que observan.

Lo que también destaca el asombrado Marco Polo del Tíbet y Gaindú es que utilizan panes de sal como moneda fraccionaria y todo extranjero que conoce esta costumbre, siempre lleva una buena dosis de este condimento, ya que el cambio de este por polvo de oro es sumamente beneficioso para el precavido mercader y sobre todo, porque la sal tiene su historia aparte como moneda en otros tiempos y países, incluso, gracias a su uso en este sentido por parte de los romanos, deriva la palabra salario, pago que se hace después de desempeñar algún tipo de trabajo.

Al respecto de otra provincia, la de Caragián, a Marco Polo lo vuelven a sorprender con otra conducta sexual que escandalizaría a los "puritanos" europeos del siglo XIII, ya que tienen la costumbre de no ver mal que la esposa de alguien tenga relaciones sexuales con otra pareja que no sea la suya, siempre y cuando sea la voluntad de la mujer, porque si es forzada a ello, es considerado un delito grave probablemente con consecuencias mortales.

Pero no es todo, también descubre el veneciano que la gente de Caragián tiene otra costumbre "extraña", la de comer cruda la carne de aves, peces y otros tipos de animales, sobresaliendo además, que la piel de serpiente es sumamente apreciada en esta provincia, ya que la emplean para varios usos convertida en un brebaje que poseen las siguientes características: como antídoto para la mordedura de un perro con rabia; si una mujer no puede dar a luz y sufre mucho, en cuanto bebe esta poción se tranquiliza y puede ver el inmediato nacimiento de su hijo; cuando se tiene una erupción como forúnculo o algo peor, se coloca un poco de esta hiel y en poco tiempo sana el cuerpo.

Costumbre mortal

No todas las costumbres de estas provincias son buenas y excitantes para los extranjeros que las visitan, ya que en Caragián tiene una que eriza los cabellos, lo menos, a quien la conoce o la sufre, exactamente igual a como le pasa a Marco Polo cuando la describe: "... Digo otra cosa muy vergonzosa y horrible, que hacían antes de que los conquistara el Gran Can. Si sucedía que un hombre de buena ley y buen aspecto, o algún otro que tenía buena sombra, iba a alojarse en casa de alguien de esta provincia, lo mataban por la noche, bien mediante veneno, bien mediante otra cosa hasta que moría.

"Más no supongan que era para tomarle su dinero, o por algún odio que tuvieron contra él; lo hacían para que el alma de aquel noble extranjero no abandonara nunca la casa, porque decían que su buena sombra y el buen augurio que llevaba se quedarían en la casa después de su muerte; con lo que tendrían mucha suerte. Y todos se consideraban benditos si podían atrapar de este modo el alma de alguna persona y cuanto más noble era, mejor apariencia tenía, más envidiables y felices se estimaban en todos sus asuntos; por esta razón mataban mucho antes de que el Gran Can los conquistara.

"Pero una vez que los hubo conquistado, hace unos treinta y cinco años, les arrancó esta maldita costumbre, gracias a los terribles castigos que les ha infligido, no hacen ya esa cosa infame porque tienen miedo del Gran Señor, que no lo permite hacer".

Resulta obvio decir que, efectivamente, esa costumbre ha sido desterrada, ya que de lo contrario, Marco Polo y sus acompañantes no hubieran pasado de esta provincia y con seguridad, aún ahora, sus espíritus estarían "custodiando" alguna casa y el mundo se hubiera privado de estos interesantes relatos de un europeo en la corte del Gran Kublai Kan.

Pero estas no son todas las "sorpresas" que mira Marco Polo en su larguísimo recorrido por todo el territorio mongol, ya que en Zardandán (o Cardandán, que significa en persa *dientes de oro*) tienen dos costumbres un tanto cuanto raras, la primera, que todos los hombres, exclusivamente, tienen recubiertos todos sus dientes con una delgada placa de oro, perfectamente amoldada a las características de cada dentadura.

Pero también son el pueblo más atrasado que visita el comerciante veneciano, ya que aquí no se conoce ninguna escritura y los hombres no trabajan, se dedican a dos actividades principales: guerra y caza, en tanto que las mujeres hacen de todo, incluso con ayuda de otros hombres que las auxilian en lo que les piden y viven en un estado de esclavitud, sirviendo a la mujer en todo.

La otra sorpresa es una especie de penitencia que deben cumplir los varones quienes, junto con sus esposas, acaban de ser padres, permito la palabra al mismo Marco para que explique en que consiste esta creencia: "En esta provincia, existe la costumbre de que, cuando las mujeres han dado (a luz) y han tenido un niño, lo lavan y lo envuelven en telas y el varón de la dama se mete en la cama y (lo) tiene consigo, permaneciendo en cama cuarenta días sin levantarse, salvo para sus necesidades.

"Y todos los amigos y parientes van a verlo y se quedan con él y lo festejan y hablan mucho y esto lo hacen porque dicen que la mujer ha soportado grandes fatigas llevando al niño en su vientre durante nueve meses y dándolo a luz, tanto que el marido también debe tener su parte en los esfuerzos y por eso, según dicen, ella no debe sufrir más en todo ese término de cuarenta días, excepto para darle de beber. Y la mujer, tan pronto como a dado a luz, se levanta de la cama y hace las tareas de la casa y sirve a su barón de comer y de beber en la cama, igual que si fuera él quien hubiera traído el niño al mundo".

Esto, más que una ayuda a la mujer que acaba de ser madre, parece un castigo y un premio para el hombre, ya que durante el tiempo de la cuarentena, no hará más que estar junto al recién nacido, en tanto que la madre se encarga de toda la labor de la casa y además, de alimentar al bebé. Esta sí que es una extraña costumbre aún difícil de entender al inicio del siglo XXI.

En su casi eterno recorrido, Marco Polo está en el poblado de Tali, del que probablemente sea el destino final de su misión encomendada por Kublai Kan, pero que en su afán de aventura, decide continuar su viaje. Llegando al reino de Birmania, llamado Mien por Marco, separado de Zardandán por el río Saluén, después de 1287, ya que es cuando es sometido por los mongoles.

El europeo comenta que una vez que se desciende de las montañas que limitan la frontera, los viajeros deben recorrer una espesa selva durante quince jornadas, deshabitada por los humanos pero llena de "extrañas" fieras como elefantes y rinocerontes y que una vez salvada, se llega a Pagán, la capital del reino (Gráfica 9). Aquí, Marco dice que es una ciudad muy grande y noble en la que se alzan, sobre la tumba de un viejo rey, dos torres rematadas en sus cúpulas, una revestida de oro y otra de plata rodeadas de muchas campanillas que suenan al ser movidas por el viento.

Estrategia militar en tierra

Antes de emprender el viaje de regreso y de rendir cuentas al Gran Kan, Marco Polo es informado de cómo Kublai logra conquistar totalmente este país en 1277 y someterlo a su reino, en este caso, los detalles son muy importantes.

"Y cuando el Señor de los ejércitos tártaros sabe con certeza que aquellos reyes van contra él con tanta gente, se inquieta mucho porque sólo tiene doce mil hombres a caballo; pero, con toda seguridad, es hombre valientísimo en su ánimo y buenísimo capitán; se llama Nescradín. Ordena y amonesta a su gente en buena forma, se esfuerza cuanto puede por defender la región y a su gente... Tengan por cierto que los doce mil tártaros a caballo van a la llanura de Uncián y allá esperan a que sus enemigos vayan a la batalla y lo hacen así por gran prudencia, gracias al gran capitán que tienen, porque sepan que junto a esta llanura hay un bosque muy grande y lleno de árboles grandísimos.

"Él los aposta junto a estos árboles para poder arrastrar hasta allí a los enemigos, sabiendo que los elefantes no pueden entrar allí con sus castillos; por tanto, si los elefantes se les vienen encima con tanta furia que no puedan resistirlos, se retirarán al bosque y los rociarán con flechas estando a buen seguro. Llamando a su presencia todos los jinetes, los exhorta con las más elocuentes palabras a no ser menos valientes que en el pasado, mostrándoles que la fuerza no reside en el número sino en el valor de caballeros valientes y experimentados y que la gente de los reyes de Mien y de Bengala es inexperta y nada probada en la guerra, mientras que ellos lo están hace tiempo.

"No deben, por tanto, tener miedo de la multitud de los enemigos, sino confiar en su propia habilidad, tan frecuentemente probada en tantos lugares y empresas que su nombre es temido no sólo por los enemigos, sino también por todo el mundo y todo ello para que atestigüen el mismo valor que en tiempos pasados. Finalmente les promete una victoria segura y decisiva.

"... Hablemos de los enemigos. Tengan por cierto que cuando el rey de Mien ha descansado algún tiempo con todo su ejército, parte de aquel lugar y se pone en camino y marcha hasta llegar a esa llanura de Uncián en la que los tártaros están preparados. Cuando han llegado a esa llanura, a una milla aproximadamente de sus enemigos, dispone sus elefantes con sus castillos y encima los hombres bien armados para combatir. Detrás ordena a sus hombres de a caballo y de a pie muy bien y prudentemente, como rey prudente que es y cuando ha dispuesto y ordenado todo su ejército, hace sonar una infinidad de instrumentos y se dispone a ir con todo su ejército hacia los enemigos.

"Cuando los tártaros los ven llegar, no dan la impresión de asustarse por nada, sino que muestran que son valientes y osados, porque tengan por cierto que se ponen en marcha todos juntos, en buen orden y con prudencia hacia el enemigo y cuando están cerca y no hace más que empezar la batalla, entonces los caballos de los tártaros, cuando ven a los elefantes ten enormes con sus castillos y todos dispuestos frontalmente, sienten tal pavor que los tártaros no los pueden dirigir hacia delante, contra los enemigos, sino que vuelven grupas y huyen y el rey y su gente, con los elefantes continúan caminando.

"Cuando los tártaros ven esto, sienten gran ira y no saben qué hacer, porque ven claramente que, si no pueden llevar sus caballos hacia delante, lo tienen todo perdido, pero en última instancia, se comportan muy sabiamente y voy a decir lo que hacen. Sepan que los tártaros, viendo a sus caballos tan espantados, se bajan de ellos, los meten en el bosque y los atan a los árboles, luego echan mano de los arcos, en los que son tan hábiles, empulgan las flechas (arman las ballestas) y van a pie hacia los elefantes, a los que comienza a rociar de flechas, les lanzan tantas que es maravilla y muchos elefantes son heridos duramente y también muchos hombres.

"Pero la gente del rey en los castillos también tiran flechas, muy generosamente, sobre los tártaros y los acometen con dureza; sin embargo sus flechas no hieren tan cruelmente como las de los tártaros porque son disparadas con menos fuerza... cuando los elefantes son heridos como lo he contado, yo les digo que se vuelven y se ponen a huir hacia la gente del rey, con tan gran estrépito que parece que el mundo entero se está hendiendo, no se detienen en los bosques y metiéndose echan abajo los castillos que llevan a la espalda, estropeando y destruyendo todo, con buena matanza de los que se encuentran dentro, porque corren por aquí y por allá en el bosque, lanzando espantosos bramidos de terror.

"Y cuando los tártaros ven que los elefantes han huido de la forma que en han oído y el desorden del ejército del rey, no vacilan, montan rápidamente en sus caballos con gran orden y disciplina y cargan sobre el rey y su gente, que no están poco asustados de ver la línea de elefantes dispersada, inician la batalla de flechas cruelísima y feroz, porque el rey y su gente se defienden con arrojo.

"Y cuando han disparado todas sus flechas, echan mano de la espada y de la maza y se lanzan contra ellos con rudeza, se dan golpes inmensos, puede verse entonces dar y recibir grandes estocadas y golpes de maza, puede verse matar caballeros y caballos; puede verse cortar manos y brazos, hombros y cabezas, porque sepan que muchos caen a tierra muertos y afligidos de muerte. La barahúnda y el ruido son tan grandes que no se hubiera oído a Dios tronar.

"El choque y la batalla son muy grandes y muy violentos en todas partes, pero estén seguros de que los tártaros dominan; aquella batalla ha empezado bajo mal signo para el rey y para su gente, ¡tantos mueren este día en esta batalla!

"Y como la batalla dura hasta después de mediodía, el rey y su gente están tan maltratados y han muerto tantos, que no pueden resistir más, porque ven claramente que, si resisten, todos serán muertos y por eso no quieren aguantar más y se ponen a huir cuanto pueden. Y cuando los tártaros ven que aquellos cobardes se ponen a huir, los abaten y persiguen y matan tan rudamente que es lamentable de ver. Cuando los han perseguido durante un rato, dejan de perseguirlos y les permiten ir.

"Y habiéndose reunido, vuelven al bosque para tomar a los elefantes y yo aseguro que cortan grandes árboles para ponerlos delante de los elefantes, a fin de que no puedan marcharse, pero de nada sirve para tomarlos, porque les aseguro que los hombres del rey que están capturados, pueden tomarlos bien, porque los conocen mejor y los elefantes comprenden la lengua de aquellos hombres. Así toman más de doscientos y es después de esta batalla cuando el Gran Can comienza a tener elefantes suficientes para sus ejércitos y gracias a esa jornada, el Gran Can conquista los países de Mien y de Bengala y los somete a su señorío".

Estrategia militar en mar

Marco Polo, como buen comerciante, es enemigo de las luchas armadas, pero gran admirador de quienes las llevan a cabo y sobre todo, tratándose del Gran Kublai Kan, destacando en un capítulo aparte en su libro *Maravillas del Mundo*, en el menciona cómo el ejército del Gran Kan logra otra de sus brillantes victorias, al querer conquistar una isla "llena de oro" llamada Cipangu (Cipango) aunque parece que se refiere a uno de los dos ataques frustrados contra Japón y que Marco interpreta libre y parcialmente hacia el ejército del Gran Kan.

"... Por la gran riqueza que le cuentan al Gran Can, este Cublai que reina en nuestros días dice que quiere hacerla conquistar y someterla a su señorío. Entonces manda a dos de sus más famosos barones, con grandísimas cantidades de naves cargadas de hombres de a caballo y de a pie. Uno de esos barones tiene por nombre Abacán y el otro Vonsamcín.

"... Parten de Caitón y de Quinsay, toman el mar y van hasta esa isla, descienden a tierra y se apoderan de todas las llanuras y caseríos, pero no han tomado aún ninguna ciudad ni castillo cuando ocurre la desgracia que voy a contarles, porque sepan que entre estos dos barones reinan grandes celos y que no hacen nada uno por el otro.

"... El viento de Tramontana sopla muy duro y hace grandes estragos en esta isla, porque hay en ella pocos puertos. Y ocurre un día que el viento de Tramontana sopla tan fuerte que los del ejército del Gran Can dicen que, si no parten, todas sus naves se romperán completamente... Cuando han hecho unas cuatro millas, la fuerza del viento comienza a aumentar y la multitud de naves es tan grande que gran cantidad de ellas se rompen unas contra otras; en cuanto a las que no han chocado contra otra y se dispersan por el mar, escapan al naufragio.

"Pero no lejos de allí encuentran otra isla, no demasiado grande y los que pueden doblarla salen con bien del asunto; pero los que no pueden doblarla, empujados por el viento, se estrellan contra esta isla, en la que refugiarán muchos náufragos, nadando o agarrándose a trozos de tablas; pero otros que no pueden alcanzarla perecen sin excepción. Cuando la violencia del viento y la furia de la tempestad se hubieran calmado, los dos barones vuelven a la isla con las naves que han escapado al naufragio gracias al mar libre y que son muchas; embarcan a todos los hombres de condición, a saber, los capitanes de cien, de mil y de diez mil, porque no pueden meter a los demás en las naves, tan numerosos son y luego parten y tienden velas hacia su país.

"Quedan treinta mil hombres que se han salvado en esta isla; cuando se ven en tal peligro y tan cerca de Cipangu, se consideran muertos, al no tener vituallas o muy pocas, recogidas de las naves y sienten gran dolor al ver que no pueden escapar.

"... Cuando estos treinta mil hombres escapados están en la isla, se tienen por más que muertos porque no ven manera de poder escapar, están muy furiosos y tienen gran dolor y no saben lo que deben hacer... Cuando el señor y la gente de la isla ven que el ejército está desbaratado y en derrota de aquella manera y saben que hay algunos refugiados en la isla, sienten gran alegría y regocijo y tan pronto como el mar se calma y se queda en bonanza, suben a muchas naves que tienen por sus islas y se van directamente a la isla y descienden inmediatamente para prender a los que están en la isla.

"Y cuando estos treinta mil ven que todos sus enemigos han bajado a tierra como gente que no teme nada y es poco entendida y que en las naves no han quedado nadie para guardarlas, obran como personas avisadas. La isla es muy montañosa y como sus enemigos vienen detrás de ellos muy de prisa para aprenderlos, hacen ademán de huir y parten por un lado, vuelven por el otro de la isla tan bien que ya no se les ve y se apresuran tanto que llegan a las naves de sus enemigos y suben todos inmediatamente a ellas; cosa que pueden hacer fácilmente porque no encuentran a nadie que se los prohíba.

"... Cuando están en la naves izan velas, dejan la isla y como hombres valientes se van a la isla de sus enemigos, bajan a tierra con las enseñas y los estandartes del señor de la isla, que estaban en la nave y se van a la ciudad principal. Los que se han quedado en la ciudad y ven venir las naves y las enseñas del señor de la isla creen realmente que son personas. Les abren las puertas y les dejan entrar en la ciudad. Ellos, al no encontrar ningún hombre salvo los viejos, la conquistan y expulsan a todas las personas, salvo algunas mujeres bellas y jóvenes que conservan para servirlos".

Viaje de regreso

En su viaje de misión que le encomendó el Gran Kan, Marco Polo recorre miles de kilómetros visitando regiones y ciudades entre las que destacan: Shangtú, Yanzhou, Jingiang, Ganzhou, Chendu, Kunming, Pagan, Birmania, Lop, Balk, Kerman, Ormuz, Sava, Tabriz, Laias, Yunnan, Sicuani, Gajdu, Tebet, Xian, y Tali, por mencionar solamente algunas.

Una vez satisfecho el encargo de Kublai Kan, Marco Polo decide emprender el viaje de regreso evitando ahora pasar por el Tíbet y sí hacerlo aprovechando el mar en la medida de lo posible.

En su viaje de retorno al palacio del Gran Kan, Marco Polo llega hasta donde él denomina Java Menor, que no es otra que Sumatra, el europeo la describe no tan pequeña como puede parecerlo su nombre y dice que está en varias de sus ciudades u ocho reinos que son: Ferlec, Basmán, Sumatra, Dragoyán, Lambri y Fansur, pero no menciona los otros dos a los que nunca llega.

Marco hace referencia al rey Ferlec y a sus súbditos en términos nada agradables por lo que logra ver y descubrir: "En este reino, toda la gente adoraba en otros tiempos a los ídolos pero, debido a los mercaderes sarracenos que la frecuentan con sus naves, todos se han convertido a la abominable ley de Mahoma. No se trata más que de los de la ciudad; los de las montañas no tienen religión y son como animales, porque les digo en verdad que comen carne de hombres sin preocuparse de saber cómo han muerto y todas las demás carnes tanto buenas como malas".

Sobre el reino de Basmán, el europeo hace la siguiente descripción: "Es un reino por sí mismo, tienen lenguaje propio, pero son personas que no tienen ninguna ley sino la de los animales. Dicen depender de la soberanía del Gran Can, pero no le pagan ningún tributo porque están tan lejos que la gente del Gran Can no puede venir hasta aquí... a veces sólo hacen regalos de cosas extrañas; elefantes, unicornios (que no son otros mas que rinocerontes) u otros."

Es curioso cómo Marco Polo describe al rinoceronte: ... "tienen bastantes elefantes y unicornios, que apenas son más pequeños que un elefante, un cuerno en mitad de la frente, muy gordo y negro (estos ejemplares de Sumatra son peludos). Y digo que no hace ningún daño a los hombres y a los animales con su cuerno, sino sólo con su lengua y las rodillas, porque su lengua tiene espinas muy largas y agudas. Cuando quiere destruir un ser, lo pisotea y lo aplasta en el suelo con las rodillas, luego le inflige los males que hace con su lengua. Tiene la cabeza como jabalí y el porte siempre inclinado hacia la tierra; permanece gustosamente entre el barro y el fango en lagos y bosques, es un animal vil de ver y repugnante".

El viajero y emisario del Gran Kan, Marco, hace una aclaración pertinente al respecto de supuestos enanos de la India que han causado un gran escándalo y admiración en Europa: "Quiero decir y dar a conocer que, respecto a los hombres enanos de la India, es gran mentira y gran superchería cuando alguien dice que son hombres. No creo que quienes dicen que son hombres enanos hayan visto uno vivo, porque están muertos y no son hombres, porque se hacen a mano en estas islas y diré cómo.

"La verdad es que en esta isla hay una clase de monos que son muy pequeños y tienen un rostro que parece humano, los hombres toman estos monos, los cuecen y los pelan dejándolos desnudos, quitándoles todo el pelo con cierto ungüento; les dejan los largos pelos del mentón a manera de barba y los del pecho y les pintan la piel con un color para hacerla semejante a la piel humana, luego la hacen secar, le dan forma y la preparan con azafrán, alcanfor y otras cosas para que no se eche a perder, de tal manera que parece que han sido hombres.

"Es gran superchería, porque están hechos de la forma que han oído. Ni en toda la India ni en otros lugares más salvajes donde he estado, se ven nunca hombres tan pequeños como estos parecen y jamás ha escuchado decir que hay hombres pequeños en ninguna parte".

Del reino de Sumatra, Marco hace referencia a que no tienen árboles para construcciones y que obtienen dos clases de vino de los árboles, tinto y blanco, comen cualquier clase de carne, buena o mala y una enorme cantidad de nueces de la India "muy gordas, tan gordas como la cabeza de un hombre y buenas para comerlas frescas, pero el centro de la carne de la nuez fresca está llena de licor, cuyo gusto se parece al vino o al sirope (almíbar)".

Al hablar del cuarto reino de Java Menor o Sumatra, el viajero europeo se refiere a Dragoyán, otro pueblo que tiene su propia lengua, son salvajes e idólatras y tienen una mala costumbre que lamenta y describe Marco: "Cuando uno de ellos, varón o hembra, cae enfermo, mandan avisar a sus parientes; a su vez, los parientes mandan avisar a los profetas o magos y les hacen buscar si el enfermo debe curar o si debe morir de tal enfermedad.

"Estos magos dicen, en efecto, lo que encuentran y saben mediante sus encantamientos, por su arte diabólica y por sus ídolos, si debe curar o morir, pero no crean que porque se dice arte diabólica ellos reconocen abiertamente que es así, porque dicen que es por la virtud de los dioses, con la asistencia de su arte y si dicen que el enfermo debe sanar, lo dejan hasta que dicen que debería estar curado y se le cuida.

"Y si dicen que no hay ningún remedio y que en cualquier caso debe morir, entonces los padres del enfermo envían por hombres que están especialmente preparados para matar a la gente, a saber, a esos enfermos condenados por los magos y les dicen.

—Este enfermo está condenado a morir; hagan lo que debe hacerse.

Y algunos de esos hombres, que saben cómo despachar a los enfermos rápida y amablemente, vienen y toman al enfermo que debe morir pronto y le ponen en la boca algo que lo asfixie inmediatamente. Cuando está muerto, lo cuecen, todos los parientes del muerto se reúnen, hacen una fiesta alegre y lo comen por entero.

"Y digo que comen y chupan también toda la médula que hay en los huesos, no dejando ni licor ni grasa y lo hacen porque no quieren que quede ninguna substancia capaz de echarse a perder, porque dicen que, si quedara alguna en los huesos haría gusanos, que morirían por falta de comida; por la muerte de estos gusanos, según dicen, el alma sufriría grandes castigos y grandes daños y sería pecado que perecieran tantas almas salidas de su sustancia.

"... Una vez que lo han comido todo, toman los huesos y los meten en una arqueta de madera, que llevan y cuelgan en la roca en grandes cavernas de las montañas, en un lugar tal que ni hombre ni animal ni ninguna otra cosa dañina puede tocarlo. Y también les digo que si pueden capturar a otros hombres que no son del país y no pueden estos rescatarse, los matan y los comen inmediatamente. Son estas muy malvadas maneras y costumbre vil".

Y no es para menos el asombro y repugnancia de Marco Polo al ser testigo de estos hechos de antropofagia, pero finalmente y sin que suene a justificación, cumplen una labor importante de higiene, aunque no se sepa de qué mueren los enfermos y si con su ingestión pueden provocar la propagación de otros padecimientos de la salud.

El quinto reino de Java Menor o Sumatra destaca el Palo de Brasil o *bresil* como lo denomina Marco y del que posteriormente tomará el nombre el país de América del Sur, incluso, el europeo lleva semillas de este árbol a Venecia pero no se logran debido al clima frío.

Lo que más destaca de este reino y que maravilla al viajero, es que: "... En este reino hay hombres que tienen una cola de más de un palmo de longitud y no son peludos. Los que son así son los más numerosos y viven lejos, en las montañas y no en las ciudades. Su cola es gruesa como la de un perro. Tienen bastantes unicornios y otros animales muy extraños".

Fansur es el sexto reino que visita Marco en Java Menor o Sumatra y destaca porque posee el mejor alcanfor del mundo llamado *fansurí* y vale su peso en oro fino, obtienen un vino de los árboles como el descrito líneas arriba y saben hacer harina de los mismos árboles calificado de maravilla por el viajero.

"Sepan que en esta provincia se hace harina de los árboles y les diré cómo. Sepan que tienen una especia de árboles que son muy gruesos y grandes y estos árboles están llenos de harina por dentro; porque sepan que estos árboles tienen una corteza muy delgada y alrededor, su madera puede tener tres dedos de espesor y toda la médula por dentro de esta madera es harina parecida al (a)serrín de la madera.

"Estos árboles son tan gruesos que se necesitan dos hombres para abarcar uno. Toman, entonces, la harina de estos árboles y la ponen en una especie de palanganas llenas de agua, donde la agitan con un palo; entonces el cascabillo y la vaina flotan en el agua y los tiran, mientras que la harina pura cae al fondo. Esto hecho se tira el agua; la harina pura se queda amontonada en el fondo; con el agua se hace la pasta con la que preparan muchos alimentos que son muy buenos".

Continúa el viaje

El último trimestre del año empieza a soplar el monzón del noreste, Marco Polo y sus dos mil acompañantes inician el viaje hacia Ceilán deteniéndose en una de las islas Agamán, cuyos habitantes escandalizan, una vez más, al veneciano: "... Es muy grande y muy rica, no tienen rey, son Idólatras y viven como bestias salvajes que no tienen ley ni orden y no tienen ni casa ni nada.

"Y yo les hablaré de una clase de gente que conviene hablar en nuestro libro. Porque tengan por cierto que los hombres de esta isla tienen todos una cabeza de perro y dientes y ojos como perros y no debes dudar de que sea cierto, porque les digo en resumen que son completamente semejantes a la cabeza de los grandes mastines. Tienen bastantes especias, son personas muy crueles y se comen a los hombres completamente crudos, a todos los que pueden tomar con tal que no sean de los suyos.

"Todos sus habitantes son como bestias salvajes. Todos estos, hombres y mujeres, van desnudos y no se cubren parte alguna. Tienen trato carnal entre ellos como si fueran perros, en medio de la calle o en cualquier sitio donde se encuentren, sin sentir vergüenza alguna y ni siquiera respeta el padre a su hija ni el hijo a la madre, sino que cada uno hace como quiere o puede".

Con estos antecedentes, Marco Polo apresura su viaje de retorno al reino del Gran Kublai Kan, hacia la isla de Ceilán de la que destaca su enorme capacidad para extraer nobles y buenos rubíes: "En ninguna otra parte nacen tan buenos y también nacen ahí los zafiros y los topacios y las amatistas y los granates e incluso muchas otras buenas piedras.

"Os digo que el rey de esta provincia tiene el rubí más hermoso y grueso que hay en el mundo o que nunca se haya visto o que jamás se deba ver... tiene aproximadamente un palmo de largo y es tan grueso como el brazo de un hombre; es la cosa más espléndida del mundo de ver. No tiene en sí ninguna tierra y es bermejo como el fuego (y) es de tan gran valor que apenas se puede comprar con dinero".

Incluso, el Gran Kan, al enterarse de su existencia, ofrece al rey toda una ciudad para poder ser dueño de la joya, pero el monarca no cede, argumentando que es una herencia familiar recibida de su padre y que debe heredarla a su hijo.

En esta región, muchos países han adoptada a Buda como su dios y Marco Polo está tan impresionado con este personaje, que decide escribir su biografía muy apegada a lo que hoy se sabe de este peculiar animal-hombre-dios, gracias a sus 84 vidas reencarnadas.

En el calor de la India

Al salir de Ceilán, Marco Polo se dirige hacia el sur de la India a la que denomina Maabar: "El calor es allí tan enorme que parece increíble y es por su causa por lo que van desnudos". La desnudez india, —cubren únicamente sus partes genitales—, no se debe exclusivamente a razones climáticas sino sociales, religiosas y sobre todo, sexuales. La admiración de este país hacia la belleza del cuerpo humano, y las relaciones sexuales admitidas aún se puede apreciar en las esculturas de sus templos donde destacan posturas sexuales sencillas y complicadas denominadas en la actualidad como explícitas.

Es por esto que Marco Polo dice: "No tienen por pecado ningún tipo de lujuria ni llaman falta al libertinaje" y es que, seguramente, al conocer la tradición y mística del Kama Sutra y de la historia alrededor de ella, de la que incluso se ha escrito un libro en el que se describen posiciones sexuales y se dan consejos para situaciones particulares sugiriendo cómo actuar.

"Esta tierra es la más noble y rica que existe en el mundo, a ella acuden naves de Arabia, Irán y China. Los comerciantes, organizados en gremios, son muy ricos, pero al igual que en China, no han adquirido influencia política alguna y es que, desde los trece años, obligan a sus hijos a ganarse la vida, dedicándose a pequeñas actividades de compra venta, con lo que en edad adulta llegan a ser excelentes y habilísimos mercaderes".

Marco destaca que el cultivo de perlas es una actividad perfectamente rentable, ya que, durante el día, se sacan para los turistas que visitan Maabar. Son los brahmanes quienes se encargan de alejar a los muchos tiburones que hay en esta parte del mar y por la noche, estos mismos escualos se encargan de que nadie pueda robar las perlas que yacen en el fondo del mar.

Por otra parte, el veneciano destaca que en uno de los cinco reinos en que está dividido el territorio de la India o Maabar, no llega ningún grano, salvo arroz; no nacen los caballos ni duran mucho los que se compran en otro países a lo cual dedican una gran inversión "Y también digo que, cuando esta gente va a la batalla, no lleva más que lanzas y escudos y va completamente desnuda. No son valientes ni prudentes, sino viles y cobardes, no matan ni animales ni bestias para su alimentación, pero, cuando quieren comer carne de carnero o de algún otro animal o de pájaro, lo hacen matar por los sarracenos y otras personas que no siguen sus leyes y costumbres".

"También les digo que tienen la siguiente costumbre; todos, varones y hembras, se lavan dos veces al día todo el cuerpo con mucho agua, por la mañana y por la noche; además, no comen ni beben hasta que se han lavado y el que no se lava dos veces al día, es tenido por herético, igual que nosotros consideramos a los *patarines*. ...Y sepan que al comer no se sirven más que de la mano derecha, porque con la izquierda no tocarán por nada del mundo ningún alimento. Todas las cosas limpias y bellas las hacen y tocan con la mano derecha, porque el oficio de la izquierda esta reservado a las necesidades sucias o repugnantes, como limpiarse la nariz, el ano o cosas semejantes.

"Además, no beben más que en copas y cada uno en la suya; nadie beberá nunca en la de otro y cuando beben no se lleva la copa a la boca. No tocarán de ninguna manera la copa con la boca, ni darán a beber en esas copas a un extranjero, si este extranjero no tiene consigo un cubilete que le pertenezca, si quiere beber le echarán la bebida en las manos y beberá por tanto en sus manos".

"Y también digo que en este reino se hace grandísima justicia de los que cometen homicidio, que roban o hacen otras fechorías. Por lo que concierne a las deudas, se observa entre ellos la ordenanza y la conducta siguiente: si un deudor, convocado muchas veces por el prestador a que salde su deuda, lo pospone día tras día y no hace más que prometer y si el prestamista puede atraparlo y encerrarlo en un círculo trazado a su alrededor, este deudor no saldrá del círculo antes de haber satisfecho al prestador o de haberle hecho una papeleta o un abono apropiado gracias al cual quedará satisfecho el mismo día.

"Si el deudor insensato intentara salir del círculo con su deuda impagada o sin haber ofrecido una garantía por la que el prestador sea pagado el día mismo, será castigado con la pena de muerte como trasgresor del derecho y de la justicia establecidos por el señor".

El mismo Marco es testigo de esta forma de aplicar las leyes cuando un mercader encierra en un círculo al mismo rey, y éste detiene de inmediato su caballo para que no siga su camino, allí arregla su diferencia con el extranjero y todos admiran este acto, ya que la máxima autoridad del país es el primero en respetar las leyes dando una gran lección a todos los gobernantes del mundo.

"También digo que, en este reino, cuando un niño o chica ha nacido , el padre o la madre hace poner por escrito su nacimiento; a qué hora, en qué día, de qué mes, de qué luna ha nacido y lo hacen porque someten todos sus actos a los astrólogos y adivinos, que saben mucho de encantamientos, de artes mágicas y de geomancia y los hay que, como les he dicho, saben astronomía y otros encantos diabólicos. Además, quien tiene hijos, cuando alcanzan la edad de trece años, los echan de casa y les cortan los víveres, porque dicen que ahora están en edad de ganarse la vida, de comerciar y de ganar como su padre ha hecho".

Por otra parte, en el siglo XIII, el budismo ha desaparecido casi totalmente de la India continental, en tanto que el Islam apenas ha comenzado a penetrar en el norte del país, donde reina desde principios del siglo la dinastía musulmana de los sultanes de Delhi, aunque en el sur domina sin problemas la religión hinduista que, aunque tiene una base de creencia de dos mil años, se ha renovado constantemente en los últimos siglos en estas tierras.

De las personas que más llaman la atención de Marco, destacan los brahmanes, pertenecientes a la alta sociedad india y de quienes dice; "Estos no come carne, ni beben vino y llevan, de acuerdo con sus costumbres, una vida muy honesta y recatada, ya que no tienen trato carnal sino con sus mujeres, no defraudan a nadie, no matan ningún animal y no realizan ninguna otra cosa que consideren pecado. Son los mejores comerciantes de toda la tierra y los más honestos, ya que nunca y bajo ningún caso dicen mentira".

Cierto día en que Marco Polo pasea por una de las concurridas calles de una ciudad del reino Pandya, escucha un griterío y ve un hombre armado con doce puñales que es conducido por otros en una carreta, cuando es informado que va a matarse por amor a un dios, decide seguirlo hasta el lugar donde se va a producir el suicidio.

Aquel hombre, tras haberse clavado los doce puñales, coloca sobre su nuca una cuchilla curva muy afiliada y lenta pero firmemente, él mismo se produce la muerte, por supuesto que Marco no comprende esta forma tan peculiar de amar y adorar a un dios y menos, que cuando el cadáver está en la enorme pira funeraria, sus parientes muestran una enorme alegría, por lo que el veneciano no le queda más que tratar de comprender lo que le dicen los demás, que "es una forma hermosa de morir".

Pero no es todo, el europeo también es testigo de cómo una viuda se lanza a la pira funeraria donde su difunto esposo está siendo incinerado y aunque es una costumbre muy arraigada no siempre es aceptada por otras viudas y sirvientes, ya que muchos de ellos son forzados al sacrificio y si por alguna circunstancia no mueren junto al difunto, son mal vistos y despreciados por los demás miembros de la sociedad.

Bailarinas que agradan a los dioses

Desde luego que Marco también es testigo de cómo las bellas, gráciles y jóvenes bailarinas llevan a cabo las danzas rituales para desagraviar a los dioses por alguna ofensa de algún mortal. Los sacerdotes anuncian que tal dios está irritado con una diosa, lo que presagia grandes males y desgracias a los mortales y para reconciliarlos, las bailarinas se dirigen hasta el templo.

Todas las jóvenes danzantes son expertas en estos ritos y acuden casi desnudas, haciendo gala y presumiendo sus senos grandes y duros, lo cual no es tomado a mal, sino todo lo contrario, son "virtudes" que hay que exhibir a los hombres y a los dioses. Las contorsiones que ejecutan las jóvenes bailarinas son de muy alto grado de dificultad, una de ellas, de repente, gira sobre su eje con una pierna alzada hasta la altura del cuello y al mismo tiempo dice estas palabras: "¡Oh Señor! ¿Por qué te has irritado contra la diosa y ya no te ocupas de ella? ¿No es hermosa? ¿No es atractiva? Reconcíliate entonces con la diosa y goza de ella, ya que en verdad es encantadora".

Una vez finalizado el baile ritual, Marco Polo siente muchos deseos de comprobar personalmente la firmeza de los senos de las bailarinas, ya que se dice que son tan duros que es imposible pellizcarlos, el veneciano da una moneda a una danzante, lo cual es la costumbre y Marco no sólo intenta pellizcarla sino que además, comprueba que en el resto del cuerpo todo es tersura, firmeza y suavidad y cuando se dice todo el cuerpo, es todo el cuerpo.

Así es como Marco Polo se despide de este país que tanto lo impresiona, probablemente más que el del mismo Kublai y aunque su deseo es permanecer más tiempo en la India, es hora de proseguir su viaje de regreso al reino del Gran Kan y cumplir así, la misión de embajada que le fue encomendada por el monarca de los mongoles.

De su viaje de regreso pasan por Pagán, Constantinopla, Trebisonda, Tabriz, Sava, Kerman, Ormuz y de aquí, por mar, pasan por el Sultanato de Delhi, Estados Hindúes, Ceilán, Islas Nicobar, Sumatra, Malaca, Camboya, Champa, llega a Jingian , pasa por Hanzhou, Yangzhou y finalmente llega a Pekín.

El otro regreso: a casa, a Venecia

En la corte del Gran Kan, como ya se ha visto líneas arriba, los Polo son muy apreciados y a lo largo de 17 años (aunque algunos estudiosos dicen que fueron 21 y otros que 24 el mismo viajero dice 17) han acumulado muchos tesoros y riquezas pero conservando en su corazón, al igual que su padre y tío, un enorme deseo de volver a su tierra, a su continente, a su país, a su ciudad.

Pero esta no es la única razón, ya que el mismo monarca protector de los europeos ha envejecido y los Polo conocen perfectamente las crisis que originan los hechos sucesorios de los grandes reyes e imperios, todos creen tener derecho a ellos pero solamente uno será el elegido y mientras este esté conforme, tiene que convencer, por medio de dispensas y concesiones, a sus familiares más cercanos y de no ser así, a través del uso de los grandes ejércitos y de la fuerza para someter a los inconformes.

Por estas razones, Nicolo, Mateo y Marco Polo creen que ya es tiempo de regresar a sus raíces y así se lo hacen saber a Kublai Kan: "...Un día, el señor Nicolo viendo al Gran Kaán de buen humor, aprovecha la ocasión para rogarle de rodillas, en nombres de los tres, que los deje partir hacia su tierra; a lo cual, él, muy emocionado responde.

—¿Por qué desean ir a morir por los caminos? Díganmelo, si necesitan oro, yo les daré más de lo que tienen en su casa y lo mismo con cualquier cosa que me pidan.

Y les ofrece todos los honores que quieran. El señor Nicolo responde.

—Oh, Señor, lo que yo digo no es por deseo de oro, sino porque en mi país tengo una mujer a la que por ley cristiana no puedo abandonar mientras ella viva.

Por el gran amor que hacia él siente, el Señor responde.

—Por nada del mundo consentiré en que abandonen mi reino; les permito, sin embargo, que por él vayan de acá para allá como quieran.

"Varias veces piden licencia al Gran Kaán para volver a su casa y familia y se lo ruegan con gran dulzura, pero el Gran Kaán los quiere tanto y los tiene tan gustosamente junto a su persona, que por nada del mundo les da licencia.

"Pero ocurre que, al cabo de cierto tiempo, muere la reina de Bolgana, quien era la mujer de Argón, señor de los tártaros del Levante y esa reina pide, en el lecho de muerte, un favor al rey y deja por testamento que ninguna dama se siente en su trono ni sea mujer de Argón, salvo que sea de su linaje (y) que se encuentra en Catai".

Esta petición de muerte es escuchada por Kublai Kan y como el rey de Argón es muy amigo suyo, la manda una mujer de nombre Cocacin, del mismo linaje que el de la fallecida reina, siendo una muchacha de diecisiete años, muy hermosa y tremendamente agradable. La envía de inmediato a su amigo pero la corte encargada de este asunto tiene que regresar porque le es imposible atravesar regiones donde los tártaros llevan a cabo cruentas guerras.

Marco comenta y sugiere al monarca mongol cómo es posible regresar a su tierra: "Por ese entonces, el señor Marco vuelve de cierta embajada a la India en nombre de su Señor; ha hecho camino por diversos mares y trae muchas noticias de aquella comarca. Los tres barones, que han visto que los señores Nicolo, Mateo y Marco son latinos y sabios, cuando saben que suspiran por marcharse, piensa entre sí que desean navegar con estos hombres, porque tienen la intención de volver a su país por mar, por miramientos para con la dama, debido a los grandes sufrimientos que exige su trayecto tan largo por tierra.

"Y van en busca del Gran Kaán y le piden como gracia que los envíe por mar con los tres latinos, sabedores de que los extranjeros han visto y reconocido la mayor parte del mar de la India y de los países por donde deben pasar y especialmente el señor Marco. El Gran Kaán, quien ama tanto a estos tres latinos como lo he contado, les concede esta gracia con gran disgusto y les da licencia a los tres latinos para partir y les dice que vayan con ellos tres barones y aquella dama".

Antes de despedirse definitivamente de Kublai Kan, los tres Polo reciben de aquel dos tablillas de oro marcadas con el sello real, con mandato escrito encima de que son libres y están exentos de ser sometidos a cualquier tipo de servidumbre y a salvo en todas sus tierras, tambiéjn los provee de varias embarcaciones, embajadores para el Papa y los reyes de España y Francia.

La comitiva de seiscientas personas parte de Amoy, en la costa meridional de China, en 1292, con una flota de 14 navíos. Su primer escala, al cabo de tres meses es Sumatra, donde la embajada reposa en espera de mejores vientos que los lleven a la India, según Marco, la dilación es larga y peligrosa, ya que pasan cinco meses dentro de un foso y una empalizada, soportando ataques frecuentes de las "groseras y bestiales" personas de Sumatra.

La travesía del océano Índico les lleva otros dieciocho meses y el tamaño de la flota y comitiva disminuye a medida que los barcos sufren el acoso de los despiadados piratas de la costa de Malabar y la aparición de enfermedades tropicales y el escorbuto. A su llegada a Ormuz, en el golfo Pérsico, menos de una tercera parte de los hombres han sobrevivido para escoltar a la princesa Cocacin (Kokachin), pero al llegar al reino del rey Argón, este ha muerto sin volver a casarse.

Los Polo, de cualquier forma, entregan a la princesa a Gazán al hijo del monarca fallecido, con quien contraerá matrimonio más tarde. La princesa, a lo largo de su viaje, ha tomado mucho cariño a los venecianos por lo que no puede evitar las lágrimas cuando los ve partir hacia su país.

Un último viaje por tierra lleva a Nicolo, Mateo y Marco Polo a Trebisonda ubicada en el Mar Negro y durante este, son enterados de la muerte de Kublai Kan, lo que les produce un tremendo dolor y nostalgia, ya que saben que jamás regresarán a su reino y mucho menos gozarán de su presencia, amabilidad y cariño, por lo que lo único que desean es embarcarse, hacia su amada Venecia, a la cual llegan en 1295.

Desde luego que después de 21 o 24 años fuera de su tierra, lo menos que dicen del trío de los Polo es que ya han fallecido y tras un penoso inconveniente de que no les creen lo que dicen que son (ver capítulo *Maravillas que traspasan el tiempo*, en esta misma obra) una vez que son reconocidos por sus paisanos les dan la bienvenida y de inmediato deciden ir a ver a sus respectivas familias.

Algunos años después, en 1298 y 1299, se desata una guerra entre Génova y Venecia y Marco participa en ella, es capturado por lo genoveses y encarcelado, y junto a un escritor de nombre Rustichello de Pisa y como al viajero veneciano no le gusta permanecer ocioso, logra convencer a su compañero de celda para que escriba todo lo que ha visto y le han contado durante sus viajes por tierras extrañas y exóticas, por supuesto que el escritor no se hace del rogar y así lo llevan a cabo, dando a la luz pública una obra extraordinaria para su tiempo, *Los Viajes de Marco* o *Libro de las Maravillas.*

De su vida en Occidente se sabe que Marco ofrece una copia de su libro a un enviado de Carlos de Valoios, hermano del rey de Francia en 1307 y que de regreso a Venecia, contrae matrimonio con una mujer de nombre Donata con quien tiene tres hijas, Bellela, Marietta y Fantina, mujeres que reciben en herencia toda la riqueza de Marco cuando este fallece en 1324, a la larga edad de ese tiempo de 70 años, dejando un legado literario que impresiona a toda Europa, incluso, cincuenta años después de publicada su obra, sigue siendo muy popular entre los habitantes de los países del viejo continente, por su contenido lleno de sitios exóticos y costumbres "raras", ya que, finalmente, Marco Polo se adelanta a Cristóbal Colón al descubrir un nuevo mundo, el asiático.

Maravillas que traspasan el tiempo

Pagarés

Principal vía de intercambio a partir del siglo XVII, cuando se empiezan a imprimir en Europa los primeros 'avales y pagarés' bancarios, es una práctica que Marco Polo observa en China en el siglo XIII.

Barcos inundibles

En el siglo IX de nuestra era, los juncos chinos transportan mercancías a Indonesia y a la India. En su libro de viajes, el *Libro de las maravillas del mundo,* escrito en 1298, Marco Polo alaba el sistema de mamparos que evita el hundimiento de la embarcación ya que si el barco tiene una fuga al estrellarse contra una roca o si es golpeado por una ballena, ni aún así se irá al fondo del mar, por esta razón. durante el siglo XV, los juncos ya navegan hasta África Oriental.

El mismo Marco destaca el fuerte casco de madera de pino o abeto del que se componen las planchas dobles, sobre las que van clavados otras a medida que se deterioran e interiormente se dividen en compartimientos estancos que aíslan las vías de agua que puedan producirse. Disponen de un auténtico timón usado por los chinos mucho tiempo antes que los europeos, mismo que sustituye al simple remo como tal. También están equipadas con cuatro mástiles para sostener el aparejo, a los que, de ser necesario, se pueden añadir dos más: poseen grandes remos movidos por cuatro hombres que impulsan al navío; de botes sujetos en los bordes y de dos barcazas que normalmente van remolcadas a popa y que pueden remolcar a su vez al navío.

Irán e India

No se conserva ningún ejemplo de bordado persa de antes del siglo XVI, no obstante, el viajero italiano del siglo XIII, Marco Polo, describe diseños que aún se utilizan siglos después en alfombras, mantas de viaje, tapices, cortinas y mantelerías y son muy frecuentes los motivos florales y de medallones similares a los de las alfombras persas. Para conseguir una gran variedad de texturas, elemento importante en el bordado persa, se emplean numerosas técnicas, particularmente el zurcido, el bordado de realce y el calado.

En la India, posiblemente el bordado ya se conoce desde tiempos prehistóricos y en el siglo XVI, los emperadores mongoles impulsan este arte, por lo que, bajo su mecenazgo, muchos artesanos persas se instalan en la India. Los bordados propios de cada región siguieron floreciendo. Entre los estilos más conocidos están el *kutch* y el *kathiawar,* en los que el punto de raso está decorado con motivos florales insertados con piezas de material reflectante. En el Punjab, los bordados *phulkari* muestran diseños geométricos realizados con labores.

Pasta

Este alimento, es hecho de masa seca que constituye la base de buena parte de la cocina italiana, así como de muchos platos chinos, indonesios, japoneses y vietnamitas y aunque la creencia popular dice que es introducida en Europa por el explorador del siglo XIII Marco Polo, existen referencias anteriores a la pasta en Sicilia, durante el periodo del dominio árabe de la isla.

Helado

Esta golosina congelada muy popular elaborada con grasa, sólidos de la leche y azúcar, es probable que tenga su origen en China hacia el año 2000 a. C. La receta de los helados hechos con agua es introducida en Europa por Marco Polo a finales del siglo XIII y se hace popular ya en el siglo XVII y los colonizadores ingleses llevan la receta a Estados Unidos a comienzos del siglo XVIII y es uno de los postres más sabrosos que hay en el mundo.

Amianto o asbesto

Del griego *a-*, 'sin', y *miantos*, 'mancha', es una forma fibrosa de varios minerales y silicatos hidratados de magnesio. El nombre también puede aplicarse a las formas fibrosas de calcio y hierro; cuando aparecen ligeramente teñidas reciben el nombre de asbesto. Las fibras de amianto pueden moldearse o tejerse de diferentes maneras. Al no ser inflamable y aislar bien del calor, el amianto se emplea mucho para fabricar productos ignífugos, como ropa de seguridad para bomberos, y productos aislantes, como los de las tuberías de agua caliente. La primera mención del asbesto se debe a Plinio el Viejo, en el siglo I de nuestra era, aunque la sustancia ya se conoce en el siglo II a. C. Los romanos emplean el amianto para fabricar mechas y ropa resistente al fuego y siglos más tarde, Marco Polo advierte, con admiración, su utilidad como tela de protección.

Argalí

Nombre común de una especie perteneciente a la misma familia que la oveja originaria de las mesetas y montañas de Asia central de la que se reconocen seis variedades distintas. El cuerpo está recubierto por un pelaje de color castaño durante el verano y más pálido o blanco durante el invierno. Los cuernos del macho son enormes; están anillados y primero se curvan hacia abajo y después forman una espiral característica que se dirige hacia fuera dando más de una vuelta completa.

La variedad más grande, la siberiana, mide 1.3 metros a la altura de la cruz y puede pesar hasta 180 kilogramos. Los cuernos, muy robustos, alcanzan 41 centímetros de circunferencia en la base y 1 metro de longitud. La cornamenta de una variedad más pequeña, el argalí de Pamir, alcanzan la longitud espectacular de 2.8 metros. Esta subespecie, encontrada en la meseta de Pamir, en Turkestán, fue descrita por primera vez por Marco Polo.

El argalí pertenece a la familia de los Bóvidos, dentro del orden de los Artiodáctilos. Se clasifica como *Ovis ammon.* El argalí de Pamir recibe el nombre científico de *Ovis ammon poli,* este último nombre en honor de Marco Polo.

Ave Roc

Del árabe, *Rukhkh,* enorme ave mítica, a la que se considera tan poderosa como para poder llevar elefantes y otras criaturas de gran tamaño a su nido, donde los devora. Ello ocurre en una de las fantásticas aventuras de Simbad el Marino, en la compilación de cuentos conocida como *Las mil y una noches.* Los cuentos probablemente tienen su origen en fuentes muy diversas, entre ellas persas, indias y árabes, y las historias de Simbad pueden estar entre las primeras, tal vez del siglo VIII de nuestra era.

En un viaje de comercio, después de quedarse dormido en la isla donde mora el ave Roc, Simbad despierta y se encuentra abandonado por sus compañeros. Descubre el imponente huevo del ave y se oculta junto a él, de tal modo que cuando vuelve el ave a su nido es capaz de atarse con su turbante a una de sus patas, lo que le permite ser llevado fuera de la isla al día siguiente, cuando el ave Roc alza el vuelo en busca de alguna presa.

Esto viene a relación, porque el ave Roc también aparece mencionada por el viajero veneciano Marco Polo en su descripción de Madagascar y las islas del este africano. El motivo del ave gigantesca surge a menudo en la mitología universal, por ejemplo en la tradición india del dios pájaro, Garuda, el cual lleva a Visnú a cuestas y por su parte, un monstruoso pájaro, el Simorg, aparece en un mito persa.

"Chinación" de la palabra Japón

Los chinos antiguos otorgan el nombre despectivo de WA -"pequeño o enano"- al grupo de islas situadas frente a la costa del noreste de su inmenso país. Cuando los habitantes de esas islas se unen para formar un imperio, adoptan desde principios del siglo VII de nuestra era un nuevo nombre que significa *Lugar donde nace el Sol,* con la esperanza de así, acrecentar su prestigio.

Los caracteres chinos con que se escribe esa frase se pronuncian "jih-pen" en chino y "nihpen" en japonés, de modo que el nombre moderno de "Japón" es la traducción de la pronunciación china, misma que Marco Polo introduce en Occidente en el siglo XIV, mientras que "Nipón" es la traducción del modo japonés de decir "País del Sol Naciente".

El preste Juan

Cuando un obispo de una colonia cristiana dentro de lo que hoy es Líbano, llega a Occidente, dice que en Oriente tienen un poderoso aliado dispuesto a atacar a los paganos y herejes musulmanes y por la espalda, sí es preciso. Es tal el entusiasmo de este obispo que el mismo Papa lo recibe para que le platique, de primera mano, lo que él sabe.

Le dice que ese reino está situado en el lejano oriente, más allá de Persia y Armenia, regido por un rey-sacerdote llamado Iohannes Presbyter, que con el tiempo se transformará en Juan el Presbítero o El Preste Juan, de quien se dice que es descendiente directo de los reyes magos que visitan a Jesús al poco tiempo de nacido, como se anota líneas arriba.

El asunto es que nunca se ha localizado tal reino ni tal rey cristiano y cada nuevo viajero dice haberlo hallado, incluso, el mismo Marco Polo, quien pasa más de veinte años en Asia, identifica al pueblo del Preste Juan con los tártaros e informa que descendientes del mismo viven en la llanura de Kuku Khotan, a unos 500 kilómetros al noroeste de Pekín o Beijing.

La "Suerte" une a un cuentista, un viajero, un navegante y un continente

Cuando hace 700 años inicia una guerra entre las repúblicas de Génova y Venecia, un autor de relatos populares llamado Rustichello de Pisa, es encarcelado en Génova por ser considerado un extranjero hostil y al llegar a su celda, se topa con la figura de un viajero y comerciante de nombre Marco Polo, originario de Venecia.

De esta "casualidad" de la vida, los dos prisioneros deciden pasar su tiempo en la celda haciendo lo que cada uno sabe mejor, uno escribir y otro narrar sus increíbles aventuras en Asia, de este encuentro nace una de las obras literarias que causa mucha aceptación por parte de los europeos de esa época del siglo XIV: *Los Viajes de Marco Polo.*

Incluso, después de haber pasado cincuenta años del fallecimiento de Marco Polo y de tener un éxito editorial con su libro, tal vez el primero de la historia, la ruta terrestre marcada por el viajero y comerciante veneciano, es cerrada para los extranjeros después de la caída del imperio mongol y el auge de los turcos anticristianos.

Pero esto no es suficiente para que las historias contadas por Marco Polo pasen al olvido, es más, un navegante genovés lee con mucha atención un párrafo en el que indica que hay un océano que, sin duda, se extiende hasta las costas de Europa y puede ser que mucho más allá.

Para este marino e inquieto navegante, el pensar que puede recorrer el mar partiendo desde Europa hacia el oeste, se vuelve una obsesión y aunque han pasado muchos años de la aparición del libro de Marco Polo, este personaje llega a una nueva tierra en 1492: ¿su nombre? Cristóbal Colón. Por lo tanto, muchos estudiosos catalogan al escritor Rustichello de Pisa y al comerciante Marco Polo, como descubridores indirectos del continente americano.

No estaban muertos, andaban de viaje

Cuando Nicolo, Mateo y Marco Polo deciden regresar a su patria en 1292, tras 21 años en Oriente y luego de 42 meses del viaje de retorno, arriban a Venecia en 1295 causando una enorme sorpresa, ya que desde hace muchos años los consideran muertos, por lo que los toman por impostores y tratan de arrestarlos por este delito, pero ellos se defienden y antes de que los apresen, rasgan sus vestiduras orientales, de las cuales caen una infinidad de piedras preciosas, con este hecho, se dan cuenta de que esas joyas sólo pueden proceder de Asia y así, les dan la bienvenida a su país, aunque tengan que pasar un gran susto para que los reconozcan.

El mejor observatorio del mundo

Curiosamente, Marco Polo nunca menciona algo que Pekín tiene y que en esa época se considera como único, aquí está asentado el mejor observatorio astronómico (y principalmente astrológico) del planeta, ya que la mira y estudio de astros y planetas es muy apreciado por reyes y monarcas, más aún por el mismo Kublai Kan, quien, como se aprecia en su batalla contra su tío, la consulta no es solo astronómica (que en ese tiempo no se conoce como tal) sino astrológica, para predecir el futuro inmediato y mediato y saber a qué enfrentar, sobre todo cuando de guerra se trata.

Y el hecho de que Marco Polo jamás lo mencione, es una clara muestra del desinterés del veneciano cuando se trata de cuestiones que requieren un mayor grado de cultura del que el veneciano posee.

Lo mismo ocurre con los chinos cuando logran expulsar a los mongoles de su país, aunque los instrumentos del observatorio se conservan. Por eso, a finales del siglo XVI, cuando los conocimientos astronómicos de Europa ya son superiores a los chinos, el religioso jesuita Mateo Ricci, quien vive en Pekín, queda asombrado al verlos y comenta: "Desde hace doscientos cincuenta años están en Hapi, bajo la nieve y la lluvia, soportando todas las intemperies, sin que ello perjudique en absoluto su funcionamiento".

Caballos con orejeras

En la época en que Marco Polo lleva a cabo su viaje por el Tíbet, la destrucción causada por la guerra de conquista por parte de los mongoles contra poblados al suroeste de China, ocurrida entre veinte y treinta años atrás, se nota en muchos lugares que, definitivamente, quedan en ruinas, permitiendo la proliferación de animales salvajes y haciendo que los caminos sean mucho más peligrosos.

Al establecer su campamento, tanto Marco Polo como sus acompañantes, lo hacen con el miedo de que, principalmente los tigres, los ataquen cuando están durmiendo, por lo tanto, el descanso no se logra y cada día es más pesado que el anterior, por esta razón, encuentran una táctica que espanta a las fieras y a cuanta criatura viviente se encuentre a su alrededor, aunque también al sueño.

Encienden hogueras alimentadas con tiras de bambú, mismas que, al calentarse el aire que está dentro de las varas huecas, llega un momento en que estallan estrepitosamente y este fuertísimo sonido asusta a las fieras, provoca desmayos y muertes a los humanos débiles del corazón y hasta hace relinchar de espanto a los caballos, por lo que Marco Polo decide meterse algodón en los oídos y cubrirse la cabeza con su ropa y todas las cobijas disponibles.

Pero sigue sin resolverse el problema de que los caballos, espantados por el estruendoso ruido, escapen y dejen a los viajeros sin un medio de transporte y carga, tan necesario en estos caminos tan peligrosos, por lo que, siguiendo el ejemplo y sugerencia de Marco Polo, colocan también en las orejas de los equinos, grandes bolas de algodón para que, cuando se produzcan los estallidos, los caballos apenas si se den cuanta del ruido.

Libros de consulta

- Diccionario Enciclopédico Vox Lexis 22. Editado por Círculo de Lectores, S. A. España, 1976.
- Polo, Marco. *Libro de las Maravillas.* Tercera edición. Ediciones B, S. A. España, 2000.
- Varios. *Protagonistas de la Civilización. Marco Polo.* Editorial Debate. España, 1983.
- Varios. *Grandes Misterios del Pasado.* Reader's Digest México, S. A. De C. V. México, 1985.

TÍTULOS DE ESTA COLECCIÓN

Abraham Lincoln
Adolfo Hitler
Alejandro Graham Bell
Alejandro Magno
Beethoven
Benito Mussolini
Buda
Carlota
César Borgia
Charles Chaplin
Cleopatra
Conde Cagliostro
Confucio
Cristóbal Colón
Dante Alighieri
Diana de Gales
Ernest Hemingway
Ernesto Che Guevara
Evita Perón
Federico Nietzsche
Franz Kafka
Gandhi
Gengis Kan
Harry Houdini
Hermann Hesse
Hernán Cortés
Jesús
John F. Kennedy
Joseph Fouché
Juan XXIII
Juana la Loca
Julio César
Karl Marx
Leonardo Da Vinci
Lucrecia Borgia
Mahoma
Marco Polo
María Antonieta
María Tudor
Marilyn Monroe
Marqués de Sade
Miguel Ángel
Mozart
Napoleón
Nicolás Maquiavelo
Pitágoras
Rasputín
René Descartes
Ricardo Corazón de León
San Francisco de Asís
Sigmund Freud
Vincent Van Gogh
Vlad Tepes
William Shakespeare

Este libro se terminó de imprimir
en los talleres de Castillo
y Asociados Impresores,
Camelia 4, col. El Manto,
México, D.F.